JN409158

시절가조집 (時節歌調集)

그러하니 然
마음을 따라 因
만났던가 緣

이 용 길

遁甲吟

生生遁甲藏
遁跡夢幻也
思無邪詩樂
月下竹濤風

진 갑 음
進甲吟

생 생 진 갑 세
生生進甲歲 삶을 살아와 예순두 살

포 말 몽 환 야
泡沫夢幻也 덧없이 거품 같았던 꿈

사 무 사 시 락
思無邪詩樂 삿됨 없는 시를 즐기니

월 하 죽 청 풍
月下竹清風 달빛 대발엔 맑은 바람

-2022[임인(壬寅)]년 겨울 진갑(進甲)을 보내며-

| 목차(目次) |

일러둡니다.

- 이 시절가조집(時節歌調集)은 그러하니 然 | 마음을 따라 因 | 만났던가 緣 | 의 3부(部)로 구성하였습니다.

- 표기해 놓은 연대(年代)와 간지(干支)는 가조(歌調)를 지었던 해이거나, 대상이나 현상에 대한 느낌을 적어놓은 때로, 이 경우, 이것을 나중에 시조(時調)로 지었습니다.

- 싣는 순서는 연대간지(年代干支) 순서로 하였고, 연대간지가 같은 해일 경우에는 시조 제목의 한글 가나다 순으로 하였습니다.

- 시절가(時節歌) 구(句)의 표의한자(表意漢字)는 한글로 병음(拼音) 하였습니다.

- 시절가(時節歌)의 구(句)에 표현된 서적(書籍), 인물(人物) 방언(方言) 등에는 이해를 돕기 위하여 각주(脚註)를 달아 그 의미를 밝혀 놓았습니다.

1부(一部)

그러하니
然

1부(一部)

그러하니 然

[1968 무신(戊申)]

수박

초록색 검줄 무늬 둥그렇게 넝쿨이어
여름밤 보름달 양 고요하게 숨죽이면
개구진 여름 아이들 서리 수박 꿀맛이다

園頭幕(원두막) 쪼갠 수박 바람 시원 여름 난다
베먹은 한입 단맛 서슬 서글 씨앗 불고
또 자라 피어 열려도 그 맛인들 變(변)할 소냐

[1969 기유(己酉)]

죽(竹)

綠竹(녹죽)의 곧은 節槪(절개) 뒤 안 대숲 더운 바람
날아온 지친 새들 쉬어 잠든 보금자리
잎새가 그늘이 되어 鬱鬱(울울)촘촘 시원하다

여린 듯 竹筍(죽순) 돋아 솟구쳐서 하늘 氣像(기상)
가지로 빗자루요 壯大(장대) 줄기 實用(실용)하니
차라리 닳을지언정 曲(곡)지 않는 忠節(충절)인가

[1970 경술(庚戌)]

강냉이

사스락 옥수수 대 누런 수염 늘여 자라
세워서 입은 치마 겹겹 하게 덮어 감춰
알알이 박혀 길러서 여름 내내 키웠구나

삶아서 한알 한알 가을 마루 진득한 맛
한나절 지나도록 입안 가득 씹고 먹고
말려서 튀밥 튀기면 한 알 크게 고소하다

[1970 경술(庚戌)]

굴뚝새

애 작은 참새인 양 귀엽게도 푸륵푸륵
떼 지어 풀섶에서 조롱조롱 옹기종기
따뜻한 굴뚝 안에서 놀다 나와 굴뚝새라

우는 듯 작은 소리 그 마저도 앙증맞다
건너듯 날아앉아 오동 총총 예쁜고야
가만히 잡아 보려도 어느 틈새 날아 종종

[1970 경술(庚戌)]

노을

峰雅(봉아)재 山(산)등성이 해질 노을 물들이면
뫼들에 붉은 丹楓(단풍) 짙게 깊어 黃金(황금) 벼논
솔솔이 불어온 바람 노을 함께 가는구나

저녁놀 머리 이고 몬당*길서 가다리면
墓祀(묘사)에 다녀오신 아부지의 터벅 걸음
옷소매 두루마기 안 꺼내주신 甘橘追憶(감귤추억)

---

* 작은 산등성이 고갯길의 전라도 사투리.

[1970 경술(庚戌)]

독우통*

큰 나무 우묵 파서 부엌 옆에 있는 절구
반질한 독우안이 미끌미끌 歲月(세월) 깊다
할머니 그 며느리 써 代(대)를 이어 내려오고

올벼를 방아 찧어 秋夕床(추석상)에 햅穀(곡) 白飯(백반)
상수리 빻아 가루 묵을 쑤어 겨울나고
독우대 長短(장단)을 맞춘 어머니의 힘찬 소리

---

* 절구통의 전라도 사투리.

[1970 경술(庚戌)]

버들치

맑은 물 버드나무 우거진 곳 중태기야
부채 살 꼬리 模樣(모양) 살랑이며 노니는다
점점이 어린 稚漁(치어)들 엄마 위로 따라 놀고

샘물 안 키워 길러 매일 親舊(친구)되었구나
淡紅色(담홍색) 등을 세워 微白色(미백색)의 배 비늘이
이파리 떨구어 주면 금새 놀라 숨는고야

[1970 경술(庚戌)]

새비*

버들잎 시냇가에 조약돌을 들추며는
수염 단 새우들이 토실토실 펄떡인다
세 상
世上이 비좁아져서 허리 굽혀 놀았는가

새비를 잡아 모아 고무신에 가득 담아
양푼에 물 받아서 부엌 살강 놓는고야
탕
어머니 새우 매운湯 아버지가 드신 저녁

---

* 새우의 사투리.

[1970 경술(庚戌)]

송(松)

落葉(낙엽)진 늦가을 녘 靑淸(청청)솔잎 높은 志操(지조)
潔然(결연)함 견뎌내며 묽은 針葉(침엽) 떨어지사
그마저 불쏘시개라 지킨 貞節(정절) 따사롭다

고갯길 落落長松(낙락장송) 數百年載(수백년재) 里程標(이정표)라
오가며 쉬는 情談(정담) 들어 담아 그늘 되고
외롭게 빼어난 가지 하늘 얹어 푸르구나

[1970 경술(庚戌)]

장미꽃

그리움 초록戀(연)잎 피멍울로 맺혔어라
붉은빛 鮮紅(선홍)지게 멀고 먼 곳 담아낸다
情熱(정열)은 감추었어도 애달픈 양 반기누나

가는 듯 부여잡는 피눈물로 쏟아낸가
바람결 햇볕조차 떠나는 길 뿌옇도다
한 時節(시절) 그리움마저 꽃잎 되어 떨구누나

[1971 신해(辛亥)]

감자

이른 봄 씨감자를 쪼개 심어 꽃핀 여름
탱글어 땅속줄기 주렁주렁 맺어있다
단물에 삶아 쪄주던 어머니 손 포슬한 맛

오랑캐 심마니들* 山蔘(산삼)캐러 몰래 와서
먹으려 심어놔서 救荒作物(구황작물) 되었던가
深蔘(심삼)의 귀한 뿌리와 맞바꿔 준 감자이야

* 조선 시대 중국 청(靑)나라 심마니들이 몰래 산삼을 캐러 들어와 식량 대용으로 감자를 재배한 데서 감자가 전래 되었다.

[1971 신해(辛亥)]

개나리꽃

응달진 그늘 밑에 흐르지만 어름장 물
별 따라 한허리를 늘어뜨린 눈 튼 가지
샛노란 꽃망울 터져 오는 봄이 먼저인가

웃으며 시샘하듯 활짝 피어 눈부시다
가지로 꺾어 들고 뉘를 찾아 떠나가듯
나들이 바람을 따라 손짓 멀리 그리워라

[1971 신해(辛亥)]

노고지리

清草綠(청초록) 보리 자란 하늘 높이 지저귀는
종달새 봄날 맑은 노랫소리 싱그러워
날고 난 푸른 蒼空(창공)에 넓은 世上(세상) 아름답다

아침이 밝아오면 노고지리 우지지고
들판엔 아지랑이 피어올라 長短(장단)맞춘
민들레 꽃망울 지어 合唱(합창)하며 피어난다

[1971 신해(辛亥)]

돈부콩

담황자접
울타리 오른 줄기 하얀 나비 淡黃紫蝶
꽃피워 여름 내내 꼬투리도 길다랗게
매달려 여물어지니 알알톨톨 구슬같이

돈부꽃 피면 오마 심어 놓고 가신 엄마
대처
大處에 일 품팔이 여름 토록 힘드신가
소복한 소쿠리 안에 보고 싶어 아롱진다

[1971 신해(辛亥)]

무우

무우菁(청) 여물어져 머리 굵게 등실하고
뽑아서 베어 물면 달콤 매콤 시원하다
맵도록 먹는 맛이야 가을볕도 따가웁네

꽁꽁 언 겨울 텃밭 무우구덩 꺼내어서
잔잔히 菜(채)로 썰어 버물 무침 아삭한 맛
걸 자란 노란 筍(순)이 기다리는 봄꽃인 듯

[1971 신해(辛亥)]

박쥐(蝙蝠(편복))

해가 진 어스름 녘 박쥐 날아 노는 마당
어둠에 눈 밝은가 가슴 붉어 박쥐인가
고무신 던져올리면 같이 내려 앉은날개

박쥐蝠(복)이 福字(복자)같아 다섯 가지 福(복)을 준가
어머님 반닫이에 文樣(문양)으로 새겨 平生(평생)
간직한 明紬(명주)저고리 노리개도 같은 模樣(모양)

[1971 신해(辛亥)]

토란(土卵)

텃밭에 돌담구석 푸른 큰잎 넓게 피어
아침볕 이슬 구슬 또로르륵 굴려 담아
비 오면 한 잎을 따서 머리에 써 雨傘(우산) 되고

땅속에 알을 캔 듯 알알하게 토실토실
껍질을 벗겨내면 뽀 하얗게 미끌미끌
어머니 깨湯(탕)을 끓여 폭신하게 고소한 맛

[1971 신해(辛亥)]

홀태*

遺腹子(유복자) 홀로 키운 淑母(숙모)님** 집 작은 마당
아담한 볏단 옆에 쇠 빗살의 홀태있다
벼흝이 가을날 볕에 파랗게도 맑은 하늘

알알이 흝는 소리 사락사락 소복소복
볏짚은 묶어 세워 나란 나란 하늘 향해
외로운 淑母(숙모)님 마음 홀태살에 담겨있네

---

* 벼 낟알을 훑어내는 농기구로 길고 두툼한 나무 앞뒤 쪽에 다리 네 개를 달아 팔자(八字) 모양으로 떠받치게 하고 빗살처럼 날이 촘촘한 쇠로 된 틀을 몸에 낀 형태로 되어 있는데, 이 빗살처럼 촘촘한 쇠틀 사이로 벼를 끼우고 잡아당겨 벼 낟알을 훑어 낸다.

** 윤금순(尹金順;1929~1982) 파평인(坡平人), 택호(宅號)는 용동(龍洞)이다. 한국 전쟁 때 남편를 여의고 유복자(遺腹子)를 홀로 키웠다. 시아버님을 봉양하며 농사를 짓고 평생 수절(守節)하며 살았다. 그 지조(志操)가 칭송되어 군(郡)에서 열녀(烈女) 표창을 하여 선양(宣揚)하였다.

[1977 정사(丁巳)]

분(粉)꽃

큰애기 가루 粉(분)을 만들고저 심어 핀 꽃
울 밑에 넘쳐 자라 綠色(녹색) 마디 잎새 달려
흰 분칠 노란 분칠에 粉紅(분홍)으로 化粧(화장)꽃 핀

해 넘은 노을빛에 곱게 곱게 밤새 아침
色調(색조)를 씨앗 담아 흰 粉(분)으로 가루 되어
오실 님 맞이하는 날 수줍은 맘 어여쁘게

[1971 신해(辛亥)]

붕어

개울가 물웅덩이 붕어 숨어 노니는가
流線型(유선형) 탐스럽게 黃褐色(황갈색)에 軟(연)한 살色(색)
銀(은)빛띤 지느러미를 뽐내면서 눈알 멀뚱

살곰이 몰아가서 두 손 가득 잡으며는
아가미 깜박이며 입을 오물 퍼덕인다
고무신 넘쳐 담아와 아버지床(상) 餐(찬)매운湯(탕)

[1971 신해(辛亥)]

봉선화(鳳仙花)

분 홍
울 밑에 봉숭아꽃 수줍어 핀 粉紅얼굴
어여쁜 우리 누이 여름 반겨 발그레한
물들여 손톱이 곱네 첫 사랑을 기다린가

터질까 조심스레 톡톡터진 알갱알갱
봉 지
고운 손 씨앗 받아 封紙담아 감춰두고
내 년
來年에 심어나거든 물들일양 설렌가슴

[1971 신해(辛亥)]

부엉이

부엉이 우는 대숲 詩會(시회)가신 아버님을
오실 때 기다리며 글을 읽는 가을 달밤
깊도록 울어 국구욱 사립문이 열린 소리

낮인 줄 모르고서 마루 끝에 앉아 멀뚱
쓰다듬 움추린 목 큰 날개를 펼쳐주네
밤새워 날이 새며 는 곁에 와서 多情(다정)하다

[1971 신해(辛亥)]

상수리나무

장독대 뒤안 언덕 도토리木(목) 아름드리
풍뎅이 사슴벌레 껍질 사이 붙어 논다
그늘진 그 아래 같이 한여름을 지내고야

깍정이 비늘 깃을 뒤로 젖혀 알톨하다
떨어진 주워 가을 소쿠리에 그득 가득
묵 끓여 수라상* 올려 상수리라 일컬었네

* 궁중에서 왕과 왕비에게 올리는 밥상, 수자상(水刺床) 이라고 적는다.

[1971 신해(辛亥)]

할미꽃

허여센 흰머리 결 곱게 입은 붉은 紫色(자색)
굽어진 허리 감고 힘들게도 피었도다
살아서 지나온 세월 봄 하늘가 지친 숨결

시집간 키운 孫女(손녀)* 보고싶네 멀고 먼 곳
山(산)언덕 올라 쉬어 懇切(간절)하다 지팡이 길
그 자리 앉아서 그만 애달프게 숙인 고개

---

* 아주 먼 옛날, 어느 산골 마을에 부모를 잃은 두 손녀를 키운 할머니가 있었다. 큰손녀는 예쁘나 마음씨가 나빴고, 둘째 손녀는 예쁘지는 못해도 마음이 곱고 착했다. 큰손녀는 부잣집으로 시집을 갔고, 둘째 손녀는 산 너머 가난한 나무꾼에게 시집을 갔다. 할머니를 돌보겠다는 큰손녀는 할머니 재산만을 홀랑 챙기고 할머니를 몰라라 하며 집에서 쫓아버렸다. 홀로 된 할머니는 산 너머 살고 있는 마음 착한 둘째 손녀가 보고 싶어 찾아가기로 하였다. 하지만 할머니는 너무 늙고 쇠약하여 산 고개를 넘다가 고갯마루에 쓰러져 숨을 거두었다. 이 소식을 전해 들은 둘째 손녀는 할머니를 양지바른 곳에 정성껏 모시고 매일같이 무덤을 찾아 슬피 울며 눈물을 흘렸다. 이듬해 봄날, 할머니 무덤가에는 할머니처럼 등이 굽은 꽃이 피어났다는 할미꽃의 전설이다.

[1971 신해(辛亥)]

팥

엽으로 곧추서서 깍지 속에 여문 팔 콩
붉은색 검은색이 야무지게 여물어져
소쿠리 알알이 담겨 영롱하게 하나 그득

동짓날 삶아 퍼슬 새알심에 팔죽 끓여
온화
겨울밤 따끈하게 하얀 눈도 溫和 포근
귀신
鬼神도 물러가라니 부엉새만 홀로 울어

[1972 임자(壬子)]

가재

물 溪谷(계곡) 돌 틈 사이 참가재가 득실댄다
긴 수염 들어 올려 집게발이 성이 났나
마디진 꼬리 안 속에 알을 가득 품은 암컷

뒷걸음 도망치다 물풀 가지 잡아들고
발들어 엉금엉금 龍王(용왕)님께 빌어 얻어
바다서 쫓겨나와서 이 골짜기 숨었는가

[1972 임자(壬子)]

감나무

늦 터진 가지 따라 여름토록 잎새 달면
黃白色(황백색) 또개 감꽃 작은 방울 피는고야
떨어져도 뽀하얗도다 풀 꿤지낀 알콩달콤

丹楓(단풍)든 햇별 사이 곱디 붉은 紅柿(홍시)되면
터져서 무를세라 조심 손에 가만가만
외할매* 燈盞(등잔)불 아래 잡수시니 환하시다

* 외할머니의 경상·충청·전라·강원지방 사투리.

[1972 임자(壬子)]

갯버들

개울물 넘실거려 버들가지 탱탱하게
피어난 강아지 꽃 복슬복슬 귀여워라
살포시 한가지 꺾어 피리 불면 봄볕 소리

휘늘진 가는허리 흐르는 물 葉葉(엽엽) 비춰
버들치 遊遊(유유)하게 그늘 밑에 숨었는가
瓢(표)주박 물에 잎 띄운 智慧(지혜) 깊어 王后(왕후)*되고

---

* 신덕왕후(神德王后) 강씨(康氏;생년 미상~1396)이다. 본관은 곡산(谷山). 이성계(李成桂;1335~1408)가 사냥하던 중 목이 말라 개울가 우물을 찾아 그곳에 있던 처녀에게 물을 청했다. 그 아가씨는 수줍어하며 물바가지에 갯버들잎을 한 줌 띄워 주었다. 이유를 물으니 갈증이 심할 때 급히 물을 마시면 체할 수 있으니 버들잎을 불어가며 천천히 마시라고 대답하였다. 이성계는 그녀의 미모와 지혜에 감탄하여 두 번째 부인으로 삼았다. 이성계가 조선을 건국한 뒤 왕비가 되었다.

[1972 임자(壬子)]

나팔꽃

돌담 안 구석진데 잎새 덮고 밤을 새워
東(동)트면 오실까 봐 님 맞으려 활짝 핀가
아침별 하늘 기다림 부질없다 시들었네

담장 밖 넝쿨 달아 藍紫色(남자색)꽃 꾸며 봐도
虛無(허무)한 사랑인가 俗節(속절) 없이 野俗(야속)하다
아침에 다시 피거든 소리 내어 불러주소

[1972 임자(壬子)]

노가지나무

峯雅山(봉아산) 陽地(양지)녘에 애기 자라 잎 피워서
솔 나무 바늘잎 양 사철 푸른 노가지樹(수)
단단한 가지를 잘라 소코뚜레 만들고야

植木(식목)봄 옮겨심어 學校(학교)언덕 울타리에
杜松實(두송실) 검붉어져 貴(귀)한 藥材(약재) 萬病痛治(만병통치)*
빚은 술 香氣(향기)도 좋아 아버님의 藥(약)술 되고

---

* 노가지 나무 열매 두송실(杜松實)은 통풍, 류머티스 관절염, 근육통, 혈액순환촉진, 건위 작용, 거담 작용, 억균 작용, 기관지염, 호흡기와 장기를 튼튼하게 하며, 이뇨, 감기, 부종, 위장병, 습기 제거, 방광 및 요도의 병, 신경통, 변비, 견비통, 중풍, 소변불통, 사지 마비, 아메바성 이질을 다스린다.

[1972 임자(壬子)]

닭(鷄계)

구구구 모이 불러 달구장태* 가둬두면
수탉이 뒤에서고 암탉들은 옹기종기
새벽 東동 홰를 치면서 부지런히 일하라네

꼭꼬댁 알을 낳은 대발 덤플 둥지 안에
손 가득 집어 담아 鉛筆연필사서 글씨쓴다
이담에 낳아놓거든 아버님床상 鷄卵湯계란탕찜

* 닭을 가둬 놓는 작은 닭장의 전라도 사투리.

[1972 임자(壬子)]

물외

받쳐준 가지 타고 넝쿨 뻗어 열린 오이
싱싱한 길 쭉 둥둥 물을 가득 담았어라
벼 논서 새를 쫓으며 베어 물어 渴症(갈증)풀고

어머님 燥渴症(조갈증)이 잡수고저 한겨울에
求(구)하니 하늘感動(감동)* 陽地絶壁(양지절벽) 찾아준가
至極(지극)타 물외의 마음 孝子旌門(효자정문) 세운 百年(백년)

---

* 홀어머니를 모시고 사는 아들이 한겨울에 물외를 먹고 싶다는 어머니의 소원에 혹시나 하여 오이를 찾아 산속을 몇 날 며칠을 헤매었는데 양지바른 절벽에서 오이를 발견하여 어머니께 드렸다는 효자 이야기이다.

[1972 임자(壬子)]

박꽃

짚으로 이엉 얹은 草家(초가)지붕 박넝쿨이
해지고 달이 뜨면 純白(순백)으로 꽃피운다
은은한 素服(소복)입고 설움 삼킨 그 밤이야

기다려 시린 눈물 흰 옷자락 흩뿌리고
감추어 둘둘 말아 둥근 박속 감췄는가
물긷는 바가지 안에 그 마음만 담겨있어

[1972 임자(壬子)]

여명(黎明)

먼東(동)이 밝아오는 터오른다 희미한 빛
아버님 글을 읽어 소리 마친 새벽녘 끝
하루를 부지런하면 못 이룰리 없는 일들

빛줄기 솟는구나 어둑하듯 환해지면
울리는 워낭소리 소달구지 덜컹덜컹
장터 날 일찍 나서야 이랴이랴 아버님 길

[1972 임자(壬子)]

찔레꽃

찔레순 달달함을 못내 감춰 가시 되어
純白(순백)한 素服(소복) 입어 아픈 사랑 저민 가슴
가는 봄 하아얀 눈물 언덕 위로 스미는가

바람끝 어루만진 님이 오신 숨결 같아
초록 섶 소매 끝동 옷고름 푼 흰 저고리
치마폭 나풀거리면 푸른 하늘 애처롭고

[1972 임자(壬子)]

코스모스 꽃

가을빛 한들한들 살사리 꽃 香氣(향기)롭다
여덟 잎 나란히 펴 코스모스 姿態(자태)인가
잠자리 노을에 붉어 서늘하게 함초롬네

純情(순정)을 모두 담아 하늘 향해 피는고야
학교길 둑 언덕에 純潔(순결)하게 흰軟粉紅(연분홍)
어쩌다 紫色(자색)피는 건 찬 이슬에 피는 熱情(열정)

[1972 임자(壬子)]

확독*

그 옛날 花崗(화강)돌을 우묵하게 파 다듬은
부엌 앞 뜰방에서 자리 잡은 확독이야
둥글한 확돌이 반질 깊은 勢月(세월) 빛을 담네

보리쌀 돌려 갈면 쌀과 같이 부드럽고
붉은색 고추 으깨 마늘 넣어 양념 되면
어머니 싱싱한 김치 그 안에서 담궈낸다

* 돌확의 전라도 사투리.

[1973 계축(癸丑)]

가지

보랏빛 꽃을 피워 眞實(진실) 담아 주렁주렁
햇볕을 세워 받아 번들거려 뭉뚱하다
초가을 쪼개 먹으면 폭신폭신 달큰한 맛

밥솥 안 없어 삶아 양념간장 나물 무쳐
살포시 스미는 맛 軟(연)하게도 부드럽다
드시는 외할머니 밥 한술 두술 웃으시고

[1973 계축(癸丑)]

눈(雪)
설

함박눈 솜털인양 고요하게 다둬 내려
봉아산 능선
峰雅山 고운 稜線 포근히도 펼쳐준다
손 모아 받아보니 눈물되어 눈물인가

흰 비단 고운결을 살곳살곳 디뎌보면
사드득 폭신구나 발자욱이 따라오고
별천지 세상
가만히 내려 덮은 別天地야 흰 눈 世上

[1973 계축(癸丑)]

도라지꽃

도라지 아가씨가 기다리다 지쳐 피어
보랏빛 辭緣(사연)담아 그리움이 번졌는가
山(산)마루 해질 노을에 홀로 서서 기다리네

비 내려 적신 눈물 꽃에 담아 감추고서
바람 속 흡치면서 아니 온다 怨望(원망) 해도
歲歲年(세세년) 흘러서 간들 變(변)치않을 마음이야

[1973 계축(癸丑)]

복사꽃

봄볕이 녹아들면 복사꽃 망울 부퍼
하얀 듯 연분홍빛 벌나비 춤을 추면
수줍어 부끄러운 양 살풋 얼굴 들어주려

유현덕 관우 장비 맹서 도원결의
劉玄德* 關羽** 張飛*** 盟誓한 桃園結義
무릉도원 제갈량 공명
꿈 품은 武陵桃源 諸葛亮 孔明**** 이고
촉한
이어진 蜀漢*****의 열매 씨로 남아 꽃 피운가

---

* 현덕(玄德)은 유비의 자(字)이다. 유비(劉備;161~223)는 한열조소열황제(漢烈祖昭烈皇帝, 재위 221~ 223)이다.

** 관우(關羽;생연대 미상~219년) 자(字)는 운장(雲長), 장비(張飛)와 더불어 유비(劉備)를 도와 촉한(蜀漢) 건국에 지대한 공로를 세웠다.

*** 장비(張飛; 생연대 미상~221) 자(字)는 익덕(益德), 관우(關羽)와 함께 유비와 도원결의(桃園結義)의 의형제를 맺어 촉한 건국에 지대한 공로를 세웠다.

**** 공명(孔明)은 제갈량(諸葛亮;181~234)은 자(字)이다. 제갈공명이라고도 한다. 호는 와룡(臥龍), 유비를 도와 촉한을 건국하는 업적을 이루었다. 중국 삼국시대 촉한의 재상이었다. 시호는 충무(忠武), 작위는 무향후(武鄕侯)이다.

***** 촉한(蜀漢:221~263)은 중국 삼국시대 때 유비(劉備)가 세운 나라로 정식 국호는 한(漢)이나 역사상 구분을 위하여 촉한(蜀漢)이라고 부른다.

[1973 계축(癸丑)]

비(雨)

까끔* 山(산) 기슭으로 뿌희얗 비 묻어오면
이내今(금) 도락도락 소리 알려 내려준다
마당 물 고여 흘러 시내처럼 흐른구나

빗소리 長短(장단)맞춰 明心寶鑑(명심보감)** 읽노라면
추녀 끝 낙숫물이 자진모리 추임새라
개인 뒤 夕陽(석양)하늘이 씻겨낸 듯 밝아온다

---

* 마을부근에 있는 작은산이나 언덕의 전라도 사투리.

** 《명심보감(明心寶鑑)》 고려 충렬왕(忠烈王; 재위1274~1298, 복위1298~1308)때 예문관대제학(藝文館大提學)을 지낸 추적(秋適;1246~1317)이 고전에서 선현들의 금언(金言)·명구(名句)를 엮어서 편찬했다. 조선 시대의 대표적인 초학 입문용 교재였다. 간결한 문장 안에 담긴 선인들의 보배로운 말과 잠언으로 구성되어 있다. 여러 세대에 걸쳐 축적된 현인들의 지혜는 유교·불교·도교 등의 내용을 아우르고 있다.

[1973 계축(癸丑)]

비둘기

엄마를 잃었는가 둥지 떠난 어린 새를
콩 떡잎 먹여 길러 날갯짓 큰 비둘기야
소리로 불러주며는 終日(종일) 날아 같이논다

三枝禮(삼지례)* 禮儀(예의) 갖춰 살포시하게 앉는고야
下校(하교)길 기다려서 멀리서도 반겨온다
짝 찾아 떠나가더니 山(산)숲에서 구룩구국

---

* 비둘기는 새 가운데서도 예의가 있어 어미가 앉는 가지로부터 아래로 셋째 가지에 앉는다는 뜻으로, 부모에 대한 지극한 효성을 이르는 말이다.

[1973 계축(癸丑)]

우렁이

물 가득 논 안두럭 기어 붙은 우렁이들
잡아서 건져내면 각질 껍질 닫는고야
잉걸불 구워 먹는다 쫄깃하고 고소하게

숨어서 몰래 나와 예쁜 처녀 우렁각시
老總角(노총각) 사랑 이뤄 알콩달콩 살았던가
앗아간 색시 못 잊어 파랑새로 울어울어

[1973 계축(癸丑)]

진달래꽃

물오른 봄 냇가에 진달래꽃 활짝 피어
쑥 캐는 處女(처녀) 마음 가슴 둥실 타오르면
수줍어 붉어진 얼굴 山(산)기슭을 물들인다

杜鵑(두견)새 밤새 울은 피눈물이 繡(수) 놓은가
稜峰(능봉)의 두렁마다 꽃簾(렴)으로 드리우면
해 저문 노을빛 속에 望帝(망제)*의 恨(한) 젖어 들고

---

* 망제(望帝)는 중국 사천성 지방의 고촉[古蜀;앙소(仰韶)문화기~기원전316]의 4대 왕의 사후(死後) 제호(帝號)로 이름은 두우(杜宇; 생몰연대 미상)이다. 별령(鱉靈; 생몰연대 미상)을 정승(政丞)으로 삼아 나랏일을 맡기었는데, 망제는 마음이 순하고 나이도 어려 별령은 불측한 마음을 품고 망제의 좌우에 있는 대신이며 하인까지 모두 매수하여 자기의 심복으로 만들고, 천하절색인 딸을 망제와 결혼시켜 망제의 장인이 되어 실질적인 왕의 권세를 가지게 되었다. 이렇게 하여 별령은 망제를 국외로 몰아내고 자신이 왕이 되었다. 망제는 하루아침에 나라를 빼앗기고 쫓겨나 그 원통함을 이기지 못하고 죽었다. 전해지는 설화(說話)는 망제가 죽어서 두견(杜鵑)새가 되어 원통한 마음에 밤마다 피를 토하도록 울었으며, 그 피가 진달래꽃[두견화(杜鵑花)]이 되었다고 한다.

[1973 계축(癸丑)]

참새

벼 논에 나락 익어 여물어질 무렵이면
참새떼 날아와서 모두 먹어 쭉정이네
우우여 쫓아 보아도 다시오니 野俗(야속)하다

짹짹짹 우는소리 대발 숲이 搖亂(요란)하다
눈 내려 깃털 복실 먹이 찾아 마당까지
가을에 먹어두었던 많은 알穀(곡) 모자란가

[1973 계축(癸丑)]

천황봉(天皇峰)

小白山(소백산) 뻗어내린 萬行山(만행산)의 天皇峰(천황봉)은
넉넉한 皇帝氣品(황제기품) 옷자락을 펼쳐안고
날마다 해 높이올려 城南(성남)들판* 기름지게

구름 속 덮여있는 봉우리엔 옛날 옛적
鳳凰(봉황)이 깃들어서 吉地明堂(길지명당) 신비롭고
뉘라도 그곳을 몰라 달만 홀로 비춘다네

* 전북 남원 보절면 성시리와 사촌리 사이에 있는 너른 논 들판.

[1973 계축(癸丑)]

패랭이꽃

初夏月(초하월) 작은 童山(동산) 분홍 꽃잎 은은하다
바람길 淳朴(순박)하게 올까 내 님 기다린가
하늘 끝 애가 타도록 山(산)을 넘어 시린 가슴

惡靈鬼(악령귀) 물리친다 화살 꽂힌 그 자리에
마디 결 돋아나서 石竹花(석죽화)*가 되었는가
맺혀진 純潔(순결)한 사랑 돌에 새겨 아롱졌네

* 아주 먼 옛날, 어느 작은 시골 마을에 용감하고 힘이 세고 용감한 장사(壯士)가 살고 있었는데, 언제부턴가 그 마을 뒷산에 있는 큰 바위 돌의 악령(惡靈)이 밤마다 내려와 동네 사람들을 괴롭혀 사람들은 두려움에 떨었고, 마을을 떠나기까지 했다. 그러자 그 용감한 장사는 악령을 무찔러야겠다는 마음을 먹고서, 해가 지자 활과 화살을 챙겨 악령이 나온다는 뒷산의 큰 바위를 찾아가서 바위가 서서히 붉은 빛으로 변하며 꿈틀거리는 바위 속의 악령을 쏘아 물리쳤다. 그 후, 화살이 박혔던 자리에서는 대나무처럼 마디가 있는 이름 모를 풀이 자라나 진홍색 꽃을 피웠다고 한다. 그 꽃을 '돌에서 자라난 대나무 닮은 풀꽃'이라고 해서 석죽화(石竹花)라고 불렸다는 패랭이꽃의 전설이다.

[1973 계축(癸丑)]

토끼풀 꽃

童山(동산)의 잔디밭에 세잎 초록 토끼풀이
자리를 깔아 논듯 싱싱生生(생생) 돋아나면
幸運(행운)을 가져왔던가 네잎 찾아 香氣(향기)롭고

꽃 희게 피어나니 꿀을 담아 벌과 함께
봉오리 방긋하게 꽃시계를 만든 누이
채워준 追憶(추억)을 담고 소롯하게 웃는구나

[1974 갑인(甲寅)]

강아지풀

강아지 꼬리 닮아 狗尾草(구미초)라 하였던가
풀 섶에 뛰노는 양 살랑살랑 바람불면
아가야 손등 간지럼 까르르륵 웃는고야

홀로된 외론 少女(소녀) 강아지만 벗 삼았네
狩獵銃(수렵총) 죽은黃狗(황구)* 슬퍼슬퍼 해는 지고
애닯음 달래어 주려 尾花(미화) 피어 반겨준가

* 옛날에 아빠 엄마를 여의고 황구(黃狗)와 함께 외롭게 살고 있었던 소녀(少女)가 있었다. 숲 덤불에서 소녀와 놀고 있던 황구는 여우 사냥꾼의 화승총에 맞아 죽고 말았다. 소녀는 죽은 황구를 끌어안고 몇 날 며칠을 한없이 슬피 울었다. 소녀의 우는 소리와 황구가 사라진 그 자리에는 예쁜 들꽃과 강아지풀이 피어났다는 전설이다.

[1974 갑인(甲寅)]

달밤

보름날 둥근달이 하늘 中(중)에 이르르면
가만히 내리는 빛 모두 재워 隱隱(은은)하다
대숲에 부엉이 소리만 밤을 깨어 있는 듯이

뜰앞에 가지 걸린 月下枝木(월하지목) 한 폭 그림
電燈燭(전등촉) 함께하여 聖賢經典(성현경전) 읽노라면
窓(창)가에 다가오네 더욱 밝아 고요하다

[1974 갑인(甲寅)]

메밀꽃

피는 꽃 싸락눈 양 하얀 달밤 고요하다
영원히 변치 말자 순결하게 盟誓(맹서)하사
알알이 송송송 맺힌 굳은 단단 마음깊어

메밀粥(죽) 精誠(정성)으로 어머님께 드리고야
微行(미행)길 주린 임금* 나는 굶고 待接(대접)하여
깊도다 깨끗한 마음 孝子(효자)이라 恩慧(은혜)받고

---

* 조선 시대 성종(成宗; 재위1469~1494) 임금이 미행(微行) 중 배가 고파 홀어머니를 모시고 가난하게 사는 산중의 오두막에 들러 메밀 죽을 대접받은 효자 이야기다.

[1974 갑인(甲寅)]

미나리

텃논 옆 미나리꽝 깃골겹잎 돋아나면
물 나물 草綠(초록)촘촘 봄볕으로 자라 큰다
한 웅큼 캐어 삶으면 그 香(향)내에 여름 오고

成均館(성균관)* 泮水(반수)심어 儒生供饋(유생공궤) 함께하여
글공부 人材保養(인재보양) 芹宮(근궁)이라 불렀다네
棟梁(동량)을 采芹(채근)하려든 미나리를 키우듯이

---

* 고려·조선 시대 최고 국립대학 교육기관이다.

[1974 갑인(甲寅)]

백일홍(百日紅)

장독대 틈 사이에 홀로 돋아 粉紅色(분홍색)빛
아무도 보지 않아 찾아올까 百日(백일)핀가
한여름 뙤약볕 담아 지쳐 더워 해는지고

이무기 祭物(제물)바친 그 處女(처녀)*를 代身(대신)해서
싸워서 붉게 물든 기다리던 슬픈 貞操(정조)
못 잊어 꽃으로 피어 넋이되어 만나는가

---

* 옛날에 바닷가 마을에서 거대한 이무기가 나타나 태풍을 일으켜 사람을 잡아 먹는 일을 저질렀다. 사람들은 이무기를 달래기 위해 젊고 어여쁜 처녀를 이무기의 제물로 바치기로 했다. 한 젊은 무사(武士)가 그 마을에 들렀는데 그 이야기를 듣고 이무기를 처치하기로 했다. 제물로 뽑힌 처녀는 무사의 용기에 반해 무사와 백일 동안 사랑에 빠졌다. 무사는 처녀에게 이레 뒤에 이무기를 처치하면 하얀 기를 올리고, 이무기에게 죽게 되면 붉은 기를 올리겠다고 약속한 뒤 배를 타고 떠났다. 일주일 후, 처녀는 무사의 배를 간절히 기다리다가 붉은 기가 걸려있는 것을 보고 상심해 슬피 울다 바다에 몸을 던져 죽었다. 하지만 무사는 살아있었다. 무사는 이무기를 잡은 다음 하얀 기를 올렸고, 이무기 목을 벨 때 그 피가 튀면서 붉게 물든 것을 알지 못하고 돌아온 것이었다. 무사도 처녀의 죽음을 슬퍼하며 바닷속으로 몸을 던져 처녀의 뒤를 따랐다. 마을 사람들은 이들의 안타까운 죽음에 두 사람의 시신을 양지바른 곳에 묻어주었다. 봄이 오자, 두 연인의 무덤가에 작고 예쁜 붉은 꽃 한 송이가 백 일 동안 피어 있다가 시들었다. 안타깝게 죽은 연인의 사랑이 꽃으로 다시 태어났다는 백일홍(百日紅)의 전설이다.

[1974 갑인(甲寅)]

살구나무

대숲 곁 홀로 서서 연분홍빛 차려입고
수줍은 봄 아가씨 설렌 가슴 물들인다
눈처럼 꽃잎 날리면 깊은 봄이 아지랑이

朱黃(주황)빛 탐스럽다 살구 열매 토실토실
한가득 담아주신 五山(오산) 아짐* 도타운 情(정)
새달콤 歲月(세월)이 흘러 오늘 봄도 피었구나

---

* 아주머니의 사투리로 아버지와 같은 항렬의 친척 아내나 여자를 부르는 말. 오산(五山)은 택호(宅號)이다.

[1974 갑인(甲寅)]

제비

봄 三月(삼월) 삼짓날에 南村(남촌)소식 갖고 왔네
빨랫줄 나란하게 지저귀며 傳(전)해주나
꽃이 펴 활짝 웃으니 맵시 곱게 날아 논다

江南(강남)길 떠나려고 함께 모여 人事(인사)한가
찬 이슬 아침 볕에 차려입고 端正(단정)하게
來年(내년)에 다시 올때면 興富(흥부)박씨 가져오소

[1974 갑인(甲寅)]

제비꽃

익은 봄 물오르면 보라 자주 살짝 뽐내
냇가에 얼굴 들어 하늘거린 바람 타고
날아온 제비들 불러 江南消息(강남소식) 듣는구나

수줍어 두근거린 淡朴(담박)스런 사랑이야
예쁘다 女神(여신)시샘* 꽃으로 핀 눈물인가
언제 날 찾아주려나 하염없이 기다린 듯

---

* 그리스 신화에 나오는 최고의 신(神) 제우스(Zeus)는 아름다운 소녀 '이오(Io)'를 사랑했는데 여신(女神)인 아내 '헤라(Hera)'가 그 사실을 눈치채어 시샘하는 상황이 되자, 제우스는 '이오'를 흰 소로 만들어 버렸다. 사랑하는 여인이 풀을 뜯어 먹는 것을 가엾이 여긴 '제우스'가 '이오'의 눈을 닮은 꽃을 피우게 했는데, 그 꽃이 제비꽃에 대한 전설이다. 그리스어로 제비꽃을 이온(ion)이라고 부른다.

[1974 갑인(甲寅)]

참외

발두렁 울타리 밑 뙤약볕에 익는고야
노랗게 흰 홈 패어 반들반들 潤氣(윤기)난다
쪼개어 베어먹으면 들큰달콤 아삭아삭

千年(천년)을 이 땅 자라 象嵌青瓷(상감청자)* 模樣文樣(모양문양)
그 안에 담은 술香(향) 여름 亭子(정자) 사랑 노래
참외로 按酒(안주) 삼으니 夕陽(석양)노을 앵두 입술

* 상감청자는 도자기가 완전히 건조되기 전에 앞서 무늬를 음각하거나 새김판으로 찍고 그 자국에 백토(白土) 혹은 적토(赤土)를 메워 초벌구이를 한 후 청자 유(油)를 발라 굽는 것인데 백토는 순백, 적토는 흑색으로 무늬가 나타난다. 1,100여 년 전 고려(高麗)시대부터 발달하였다.

[1975 을묘(乙卯)]

고구마

荀(순)잘라 五月(오월)달에 밭두렁에 심어 자라
넝쿨이 뻗어 가면 두둑하게 갈라진 흙
고구마 땅속에 커서 九月(구월)캐니 紫色(자색) 굵다

삶아서 먹는 겨울 눈 내려도 따듯하고
아궁이 잉걸불에 구워 나눠 감칠난 맛
동생의 입언저리가 숯검 댕댕 환한 웃음

[1975 을묘(乙卯)]

까치

아침볕 가지 끝에 앉아 우는 까치 소리
오늘은 손님 맞을 옷매무새 단정하게
지난봄 都會地(도회지)로간 누이 올까 기다린 맘

두 발로 콩콩 뛰며 올배 열린 배나무에
梨果(이과)를 쪼아먹어 이놈 저놈 다 맛본다
까치야 秋夕床(추석상)올릴 서너개는 남겨다오

[1975 을묘(乙卯)]

대추

가시로 돋은 가지 대추 붉게 익어간다
맛 들어 맺혀져서 아침별에 구슬인양
달고나 서글 사각 입맛 오래 남는구나

한 임금 섬겨 모신 忠節(충절)씨앗 단단고야
祭祀床(제사상) 首位(수위)자리 그 志操(지조)를 기리노니
한마음 굳은 丹心(단심) 強強(강강)하게 決然(결연)하다

[1975 을묘(乙卯)]

두꺼비(蟾[섬])

흐린 날 비 올 때쯤 툇마루 섬돌 밑에
두꺼비 엉금 와서 빗줄기를 피하누나
밥 한술 놓아주며는 어금 야금 먹는고야

江[강]가에 陳[진]을 쳐서 倭賊[왜적]막은 두꺼비야
아무도 모른 侵掠[침략] 울어 한밤 물리치니
나라를 保護[보호]했구나 그곳 이름 蟾津江街[섬진강가]

[1975 을묘(乙卯)]

무궁화

君子香(군자향) 넉넉하다 無窮(무궁)하게 피어 왔네
槿花邦(근화방) 오랜 歷史(역사) 나라꽃 된 毅然(의연)함이
꺾어도 심어 살으니 韓民族(한민족)의 氣槪(기개)이라

三千里(삼천리) 無窮花(무궁화)가 華麗(화려)토록 피어나듯
外勢(외세)에 抗爭(항쟁) 높은 그 精神(정신)이 살아있어
五千年(오천년) 이어온 精氣(정기) 千萬年(천만년)을 守護(수호)하리

[1975 을묘(乙卯)]

배추

함박꽃 피는 처럼 포기 넉넉 厚德(후덕)고야
꽉 찬 속 보들 설컹 들큰 달게 고소하다
서리가 내려앉아도 靑靑(청청)싱싱 그득하고

도려낸 밭두렁에 뿌리로만 痕跡(흔적)남아
그마저 뽑아 씻어 막걸리 술 按酒(안주)삼네
속 양념 묽게 먹어서 김장독 안 겨울나고

[1975 을묘(乙卯)]

이화(梨花)

비 젖은 봄날 古木(고목) 가지 뻗어 망울 맺고
月下(월하)에 하얗게 핀 밝은 달빛 고요하게
三更(삼경)도 지나는 밤에 香氣(향기) 안아 姿態(자태)롭다

微風(미풍)에 離別(이별)인가 꽃 눈물을 흩뿌린다
떠나간 그 자리에 열매 맺혀 올망졸망
來年(내년)엔 돌아오소서 가버린 님 그리워라

[1975 을묘(乙卯)]

호박꽃

한 百年(백년) 돌담 밑에 어머님이 심은 싹이
넝쿨째 기어올라 그 歲月(세월)을 덮어 핀다
노랗다 큰 별꽃 속에 반딧불이 黃燈(황등)초롱

梵鐘打(범종타) 은은하게 울려 퍼진 부처 말씀*
애호박 덩어리째 智慧(지혜)담아 익어간다
몸 부셔 粥(죽)으로 쑤니 七寶(칠보)** 普施(보시) 比(비)길손가

---

* 한 스님이 범종(梵鐘)을 만들다 말고 병이 들어 죽은 뒤 부처님께 간절히 청하여 다시 인간 세계로 보내달라고 하여 못다 만든 범종을 완성하고자 하였다. 그러나 이승으로 돌아와 보니 범종을 만들었던 사찰이 흔적도 없이 사라졌다. 낙담한 스님은 슬퍼하며 눈물을 흘렸는데 그 자리에 황금 꽃이 눈에 보였다. 이상하다고 생각한 스님은 그 꽃을 따보니 그 안에 만들다 만 범종이 있었다고 한다. 범종이 꽃으로 핀 것이 호박꽃이라는 전설이다.

** 법화경(法華經)에서 7보(寶)는 금(金), 은(銀), 거거[硨磲; 백산호(白珊瑚)], 마노[瑪瑙;옥 (玉)], 유리[瑠璃;청금석(靑金石)], 매괴[玫瑰; 홍광석(紅光石)], 적주[赤珠;붉은 진주(珍珠)]이다.

[1976 병진(丙辰)]

까마귀

까마귀 노는 곳에 白鷺(백노)함께 있는구나
겉모습 검다한들 속조차도 검을 소냐
까맣게 함께 날아줘 흰鶴(학) 더욱 孤高(고고)하다

어미를 먹여 살려 反飽之孝(반포지효) 恭敬根本(공경근본)
그 누가 날짐승이 理致(이치)없다 일컫는가
사람아 道理(도리) 못하면 까마귀만 못할까 봐

[1976 병진(丙辰)]

고추

매워서 苦草(고초)인가 붉게 익어 햇볕 곱다
발고랑 사이사이 울긋불긋 매달리고
따는 손 며늘 아가야 해가 진다 서둘러라

덕석에 널어 말려 열斤百斤(근백근) 다듬어서
방아로 가루 찧어 장 담그고 김치 담궈
호되다 시집살일랑 五百年(오백년)된 그 맛이야

[1976 병진(丙辰)]

느티나무

삼백년 풍정
三百年 風亭이라 고을 안을 지켜오며
어사화 장원급제 대제학 학문명가
御賜花* 壯元及第 大提學**의 學問名家
세세년 청사기록
世世年 뒷얘기 모두 아름드리 青史記錄

질푸른 하늘 그늘 한여름날 햇볕 쉬며
정
쪼개낸 수박 맛들 시원함이 情다우니
후덕 군자
厚德한 君子의 마음 느티나무 넉넉하다

---

* 조선 시대 문무(文武) 대과(大科) 과거에 급제한 사람에게 임금이 하사하던 종이꽃으로 참대오리 2개를 종이로 감고 비틀어 꼬아서 군데군데에 다홍색·보라색·노란색의 꽃 종이를 꿰었다. 2개의 대오리 밑부분을 종이로 함께 싸서 묶고, 위로는 대오리가 각각 벌어지도록 하였다. 이런 대오리를 2조(組)로 하여 맨 아래에는 꽃받침으로 커다란 종이를 꽂고 위에는 청·황·홍색의 종이꽃을 여러 개 붙였다. 급제한 사람은 복두[幞頭: 관(冠)] 뒤에 꽂고 3일 동안 거리행진의 유가(遊街)를 하였다.

** 조선 시대에 대제학[大提學:정2품(正二品)]은 나라의 학문을 바르게 평가하는 저울이라는 뜻으로 문형(文衡)이라는 별칭이 있다. 문형은 학문 관련을 담당하는 홍문관(弘文館), 예문관(藝文館), 성균관(成均館)의 세 곳의 최고직위를 모두 겸직하는 경우이다. 대제학은 문과 대과 급제자이면서 원칙적으로 문신(文臣)으로 임금의 특명을 받은 사람들이 공부하던 호당(湖堂) 출신으로 학문의 권위가 높은 사람만 가능하였다.

[1976 병진(丙辰)]

땅(地)

터 살은 흙이라서 물메이요 땅이런가
萬物(만물)을 키워 자라 싹틔우며 열매 맺고
어머님 기른 마음이 이와 같아 廣大(광대)하다

발 디뎌 사는 곳이 이리도록 所重(소중)한데
欲心(욕심)껏 사람心事(심사) 어찌 그리 좁다던가
드넓은 그 품 안에서 眞實誠心(진실성심) 살아가세

[1976 병진(丙辰)]

접시꽃

한적한 여름 바람 돌담장을 시새워서
軟(연)붉은 꽃잎 활짝 곱게 곱게 골목 본다
아무도 찾지 않건만 햇빛 차려 端裝(단장)했네

기다려 텅빈 마당 어머님은 부채질뿐
무심히 말 건네도 대답 없이 함빡 웃고
그리워 먼山(산)모롱이 부옇게도 해 저문다

[1976 병진(丙辰)]

하늘(天)

천

햇님이 살고 있어 하날이요 하늘인가

창공
다순 빛 비춰주어 푸른蒼空 드높구나

세상 자연섭리 조화 무궁무진
世上의 自然攝理를 調和롭게 無窮無盡

원래
原來는 깊어 검어 그 속속을 모른고야

도리
하늘 뜻 어기거든 그저 道理 아니거늘

원망
사람이 제아니 하고 탓하여서 怨望한다

[1976 병진(丙辰)]

풍년초 꽃

푸른 벼 심어있는 논 언덕 핀 豊年草(풍년초) 꽃
쌀같이 하아얗게 豊年旣約(풍년기약) 茂盛(무성)하다
물 대려 다투었어도 웃어 情談(정담) 和解(화해)롭다

흰 꽃잎 노란 망울 살랑살랑 흔들리면
여름날 한더위를 건듯건듯 씻어가고
가을날 豊年(풍년)들거든 봄날 지나 다시 오마

[1977 정사(丁巳)]

가을(秋(추))

가을 달 밝게 빛나 벼 익은 논 고요하다
감나무 익은 紅柿(홍시) 붉어 가득 수줍구나
단풍잎 데려가는가 바람 와서 떠나간다

벼 베어 利(이)로움은 豊年(풍년)가득 結實(결실)이고
나눠준 義(의)로움이 더불어 삶 사람의 길
情(정)깊어 다정한 節氣(절기) 가을 情趣(정취) 五穀百果(오곡백과)

[1977 정사(丁巳)]

동
겨울(冬)

송 설화
언덕 위 외로운 松 雪花 피어 빼어났다
백설비
白雪飛 겨울바람 차가웁다 몰아치면
화로 온기
火爐불 溫氣그득한 아랫목이 따뜻하다

쌓인 눈 소복소복 얼음 아래 곧게 곧게
빙판 설
氷板을 마루 삼고 솜털 雪을 이불 삼아
기약 지혜
고요히 갈무리함은 봄날 旣約 智慧인저

[1977 정사(丁巳)]

미꾸리

무논의 흙 속에서 숨어 자라 벼와 함께
추수 끝 파내며는 통통하게 올라 꿈틀
빗줄기 타고 올라가 하늘나라 구름 살고

내린 비 타고 와서 마당 물에 늘어 있다
다섯 쌍 자란 수염 天上(천상)에서 보낸 歲月(세월)
이제는 볼 수도 없네 農藥(농약) 싫어 떠나간 듯

[1977 정사(丁巳)]

밤나무

새아씨 가슴설렌 밤꽃 香氣(향기) 피는 그밤
그늘진 달빛 아래 수줍어라 사랑깊고
구름 꿈 등실한 마음 반가운 님 郎君(낭군)이야

밤송이 익어 토실 한톨두톨 세톨자라
아들들 及第(급제)하여 登龍門(등용문)에 들었구나
栗樹木(율수목) 세 政丞判書(정승판서) 한줄기로 同三兄弟(동삼형제)

[1977 정사(丁巳)]

춘
봄(春)

봄기운 가득 차면 새싹 돋고 꽃망울 핀
들녘에 아지랑이 아리아리 오른고야
쑥 캐는 처녀 가슴이 설레인다 봉긋하다

춘절　　　　　　　　생명
春節이 으뜸임은 모든 生命 낳는다함
　　　자애
어질고 慈愛로워 하나 가득 담았구나
무량　근원　　　　생생약동
無量한 根源흐르니 生生躍動 봄날이야

[1977 정사(丁巳)]

여름(夏(하))

여름 雲(운) 봉우리 끝 걸려있다 바람 싣고
샛 江(강)에 멱을 감는 뙤약볕의 아이들아
큰 나무 그늘진 아래 몸을 말려 시원하다

萬山川(만산천) 萬生物(만생물)이 模樣色色(모양색색) 갖춰 입어
저마다 뽐내는 양 茂盛(무성)하게 아름답다
禮(예)따라 이뤄 놓으니 亨通(형통)하여 넉넉도다

[1977 정사(丁巳)]

아카시아꽃

가는 봄 달콤 내음 하얀 송이 여름 핀다
님 사랑 애달프다 無心(무심)하오 그 詩人(시인)아*
한 번쯤 돌아봐 주리 속이 타는 香氣(향기)품어

매정타 野俗(야속)한 님 벌이 와서 慰勞(위로)하니
기다린 그이 사랑 怨望(원망) 품고 시든 가슴
기시針(침) 慓毒(표독)한 貞節(정절) 아카시아 아가씨야

---

* 서양의 옛날 어느 나라에 허영에 가득 찬 아름다운 공주(公主)가 훤칠한 미모의 청년 시인(詩人)을 보고 반해서 그 시인의 사랑을 얻기 위해 마녀에게 자신의 지위를 팔아 사랑의 향수를 사서 바르고 그 시인을 만났으나 마음과 말의 아름다움을 좋아했던 청년 시인은 공주에게 관심이 없었다. 애가 탄 공주는 시름시름 앓다가 죽었고, 그 자리에서 아카시아가 자라나서 그윽한 향기가 나는 꽃을 피우게 되었다는 전설이다.

[1978 무오(戊午)]

매화(梅花)

봄보다 먼저 와서 시샘 바람 梅花(매화)핀다
망울져 香氣(향기)안고 氣品(기품)담아 高潔(고결)하게
가지 끝 드높은 氣槪(기개) 멀리서도 밝아 맑고

梅花雨(매화우) 흩날릴 제 고갯길 위 아련하다
故鄕(고향)집 뒤뜰녘 서 흰눈물로 離別(이별)한가
오는 날 다시 보거든 피어 웃어 반겨주리

[1978 무오(戊午)]

물방개

늦은 봄 웅덩이에 물방개들 헤엄친다

개 방개 무리 속에 참 방개가 뽐내누나

황갈색
黃褐色 줄무늬자랑 빙빙 돌아 바쁜 다리

대야에 물 담아서 방개 함께 놀았던 날

이제는 그 옛 추억 그리움이 남았는가

충무공 선
忠武公* 거북船 배가 방개 보고 만든 것을

---

* 충무공(忠武公) 이순신(李舜臣:1545~1598)이다. 본관(本貫)은 덕수(德水), 자(字)는 여해(汝諧)이다. 선조(宣祖:재위1567~1608) 9(1576)년 무과(武科)에 급제[하여 동구비보권관(董仇非堡權管)을 시작으로 건원보권관(乾原堡權管), 사복시주부 (司僕寺主簿), 정읍현감(井邑縣監), 전라좌도수군절도사(全羅左道水軍節度使), 삼도수군통제사(三道水軍統制使) 등을 역임하였다. 임진왜란을 승리로 이끌었으며, 거북선을 만들었다. 선무공신(宣武功臣) 1등에 녹훈되고, 덕풍부원군(德豊府院君)에 추봉되었으며, 우의정, 좌의정, 영의정에 추증되었다. 충렬사(忠烈祠), 충민사(忠愍祠), 현충사(顯忠祠) 등에 제향하였다. 《난중일기(亂中日記)》를 남겼다.

[1978 무오(戊午)]

배롱나무 꽃

여름 낮 鄕校(향교)*뜰에 粉紅(분홍)색깔 꽃피워서
글 읽는 선비들이 함께 즐겨 어여뻤네
그 옛날 儒生(유생)그리워 閑寂(한적)하게 기다린가

祖父(조부)님 山所(산소)아래 심어 피어 푸른山(산)뫼
半百年(반백년) 가지 뻗어 언덕陵(능)에 홀로 피니
누가와 보지 않아도 松林鬱鬱(송림울울) 빼어났다

* 조선 시대에 있었던 국립 지방 교육기관(학교).

[1978 무오(戊午)]

석류(石榴)

사랑채 건너 뒤에 안채 뜰에 石榴(석류)나무
여름 볕 듬뿍 받아 軟紅(연홍)물든 꽃피운다
가을빛 여물어지면 열매 익어 紅色(홍색)노을

수줍은 새 며늘아 알알총총 得男得女(득남득녀)
새 달콤 알갱이가 소르도득 화한 입안
아롱동 구슬을 안고 郎君(낭군)님을 기다린 밤

[1978 무오(戊午)]

참깨

발두렁 곧추서서 털이 송송 잎 피고야
한여름 흰빛紫朱(자주) 桶(통)꽃 피워 潺潺(잔잔)하게
楕圓形(타원형) 맺힌 房(방)속에 참깨 알이 촘촘조밀

가만가만 베어 묶어 햇볕으로 氣運(기운)들여
막대기 토록 토록 털어 쌓여 소복소복
참기름 깨소금 맛이 고소하게 스민 大廳(대청)

[1978 무오(戊午)]

홍초화(紅草花)

키 자라 太陽(태양)빛에 붉게 맑은 칸나꽃 핀
시원한 푸른 잎새 솟아올라 타는 情熱(정열)
뒤뜰에 숨어 있어도 들켜버린 丹心(단심)사랑

부처님 피 망울이 꽃으로 펴* 오셨는 듯
托鉢行(탁발행) 걸으신 길 아팠어도 無念無常(무념무상)
붉게도 吐(토)해 내신가 慈悲(자비)마음 높이 안고

* 부처님을 질투한 한 마귀(魔鬼)가 어느 날 부처를 해치려고 마음먹고, 언덕에 올라서서 부처가 지나갈 때 큰 바위를 굴려 부처를 죽이려고 하였다. 굴린 큰 바위가 깨지면서 그 돌멩이 파편이 부처의 발등에 맞아 피를 흘렸고 그 피가 떨어진 땅에서 붉은색 꽃이 피어났다는 홍초화의 전설이다.

[1979 기미(己未)]

달맞이꽃

물안개 피는 냇가 서글프게 노을 지고
달무리 우는 밤에 쓸쓸하게 홀로 피어
한없이 하늘만 보며 미소짓는 달맞이꽃

아니 올 길이라면 기다리라 어쩌하오
행여나 찾을까 봐 노랑노랑 빛이 처량
새워 긴 별을 보내고 햇별 지쳐 잠드누나

[1979 기미(己未)]

목련화(木蓮花)

北(북)녘의 故鄕(고향) 向(향)해 붓을 들어 흰 辭緣(사연) 써
봉오리 맺어 피면 사랑 찾던 公主(공주) 마음
하늘 宮(궁) 그리워하다 點點(점점)눈물 시들고야

九品中(구품중) 七品(칠품)*이라 隱隱自重(은은자중) 素朴(소박)함이
榮華(영화)에 뜻은 없고 나무에 핀 蓮花(연화) 마음
高貴(고귀)한 아름다움이 봄 한날만 지내누나

---

* 조선 시대 강희안(姜希顔;1419~1464)이 서술한 농업 원예서 《양화소록(養花小錄)》에서 목련의 등급을 7품으로 분류하였다.

[1979 기미(己未)]

소(牛)

외양간 구유 여물 되새김질 워낭소리
큰 눈을 껌벅이며 긴꼬리로 파리 쫓고
코뚜레 턱 내밀며 무심한 듯 반기누나

받갈이 멍에 지고 소달구지 끌어 平生
무건 짐 힘듬 없이 실어 얹고 해지도록
풀 뜯겨 등 태워줄 땐 터덕 조심 가는 소야

[1980 경신(庚申)]

돈(豚)

짚 깔아 우리 안에 하루종일 꿀꿀 꿀꿀
먹어도 또 먹어도 자꾸 달라 울어댄다
울타리 마주 보며는 코 주둥이 내어 반긴

결국은 튀쳐나와 텃발 헤쳐 엄마 性火(성화)
돌돌돌 몰아가면 앞서가며 잘도 간다
登錄金(등록금) 보태주려고 팔려가는 큰 돼지야

[1980 경신(庚申)]

질경이

나뭇짐 가득 지고 父親病患(부친병환) 藥(약)사는 길
우물가 나물 씻는 아씨 보는 사랑길에
발자취 새겨 놓으마 질경이로 돋아난다

잊을까 바람불면 길을 따라 부여잡고
젖을까 비 내리면 땀 스민 듯 닦아낸다
軍靴(군화)로 짓밟힌 五月(오월) 질경이 핀 그날 抗爭(항쟁)*

* 1980년 5.18 광주 민주항쟁.

[1981 신유(辛酉)]

구름(雲)[운]

봄 구름 푸른 하늘 촉촉하게 이슬비야
봉우리 여름 구름 흠뻑 젖은 장마지고
드높아 뭉실한 가을 겨울오니 잿빛인가

구름에 달 가듯이 바람불어 밤은 깊고
가린 듯 빛난 별빛 銀河水[은하수]가 흐르며는
어디로 떠나려는가 마음 실어 함께 가소

[1981 신유(辛酉)]

들국화

샛 강물 야위도록 여물어져 흘러오면
九月(구월)달 가을 하늘 함초로이 빼어났다
분홍빛 色調(색조)를 담아 흰옷으로 端裝(단장)한가

高尙(고상)한 모습이야 맑은 蒼空(창공) 은은하고
비바람 견뎌 입은 잎새 푸른 節槪(절개) 높아
찬 서리 내려왔어도 香氣(향기)남은 貞操(정조)인가

[1981 신유(辛酉)]

오동(梧桐)나무

초여름 보라꽃香(향) 머귀나무 梧桐(오동)나무
큼직한 넓은 葉葉(엽엽) 시원스레 그늘진다
가을밤 달빛을 안고 한잎 두잎 지는고야

碧梧桐(벽오동) 심은 뜻은 곱게 자란 외동딸아
잎 떨궈 노을져서 北邙山(북망산)을 向(향)했는가
伽倻琴(가야금)* 열두 줄 매고 애달프게 그립구나

---

* 가야금(伽倻琴)은 한국의 전통 현악기, 가얏고라고도 한다. 오동나무 통에 명주실로 된 열두 줄을 매어 손가락으로 뜯는 악기이다.

[1981 신유(辛酉)]

칡넝쿨

山(산)등성 드렁칡이 얽혀져서 뻗어나면
넓은 잎 짙은草綠(초록) 긴긴 줄기 감추어서
紫朱色(자주색) 은은하게 꽃차례로 송이핀다

넝쿨은 길게 잘라 동이 줄로 쓰였고야
뿌리를 캐어서는 葛根湯(갈근탕)의 藥材(약재)였네
지금은 찾는이 없어 감아 올라 날좀보소

[1982 임술(壬戌)]

별(星[성])

해 하늘 숨었다가 어둡 반짝 뜨는 별아
달 떠나 보낸 자리 미리내江[강] 둘러 초롱
가득한 꿈 실은 消息[소식] 流星[유성]으로 보내는가

소곤대 밤을 새워 서쪽별만 혼자 남아
모두가 잠든 새벽 햇님 길에 燈臺[등대] 되고
오는 밤 빛을 밝혀줘 쏟아지는 빛난 사랑

[1982 임술(壬戌)]

상추

은근히 치마 펴서 綠(녹)푸르게 차려입고
한 자락 벗어내어 흰쌀밥을 된장 싸서
먹는 맛 걸스러워도 한더위에 돋는 입맛

故國(고국)땅 그리워한 皇闕貢女(황궐공녀)* 몰래 심어
쌈 먹어 달랜 鄕愁(향수) 高麗樣(고려양)의 애닮은 心(심)
千金菜(천금채) 깊은 事緣(사연)을 잎새 葉葉(엽엽) 담았는가

* 고려 때 중국 원(元)나라에서 요청하여 보내 황궁(皇宮)에서 근무하는 궁녀가 된 처녀들로 공녀의 나이는 13세에서 16세까지였다.

[1982 임술(壬戌)]

은행(銀杏)나무

뜰앞의 배나무 옆 곧게 자란 銀杏(은행)나무
늦가을 서리 받아 샛노랗게 물든 丹楓(단풍)
사랑채 글 읽는 소리 잎에 새겨 떠난 겨울

노란 잎 환하게도 落葉(낙엽) 날린 캠퍼스 길
맑은 눈 귀밑머리 한잎 두잎 纖纖玉手(섬섬옥수)
첫사랑 수줍던 그녀 어디있나 그리워라

[1982 임술(壬戌)]

한산도(閑山島)

물 푸른 閑山(한산)섬에 갈매기들 날고 날아
疊疊(첩첩)이 함께한 島(도) 같이 떠서 한가롭고
오가는 고깃배들 물결들를 繡(수)놓는다

忠武祠(충무사) 香(향)을 피운 四百餘前(사백여전) 閑山大捷(한산대첩)
統制營(통제영) 戍樓(수루)위에 큰 칼 함께 苦惱(고뇌)했던
倭侵(왜침)을 물리쳤다네 바다 지킨 愛國忠節(애국충절)

[1983 계해(癸亥)]

능금(麥檎)나무

麥檎(능금)꽃 하얗게 핀 五月(오월)사랑 무르익어
작은 듯 沙果(사과)인양 黃紅色(황홍색)이 도란도란
수줍은 소녀 얼굴이 붉게 물든 그 빛이야

말 못 할 빨간純情(순정) 고개 숙여 불러주는
외로워 눈물 흘려 애닳도록 서글퍼서
말없이 떨어지누나 麥檎(능금)나무 맺은 마음

[1984 갑자(甲子)]

견(犬)

복실히 조롱 조랑 따라다닌 강아지야
늠름히 꼬리 세워 귀도 쫑긋 의젓 자라
멀리서 알아봐 반겨 깃털 바람 달려온다

十年(십년)도 넘은 歲月(세월) 어머님과 집 지키며
장터서 오시는 때 나가 미리 마중한다
늙어서 죽어 묻히니 母親(모친) 마음 슬프시다

[1984 갑자(甲子)]

억새

언덕陵(능) 등허리에 落葉(낙엽)지면 피는고야
흰머리 하늘하늘 그 무엇이 서러운가
가슴이 시려오거든 바람 함께 울어주소

붉어져 丹楓(단풍)멍든 지난 歲月(세월) 허여세고
가련히 어우러진 들판 노을 荒凉(황량)한데
불어와 흔들려 우는 하늘 이별 희푸르다

[1985 을축(乙丑)]

내장산(內藏山)

모양 내장
말굽이 등성 模樣 그 안 감춰 內藏인가
초록
고요한 봄 草綠을 잔잔하게 피우고야
가을날 물들이려고 잎새 꾸며 나들인가

단풍
찾아온 丹楓손님 하늘이고 열어 가득
비자림 색색 화려
榧子林 사이사이 아롱色色 華麗하다
천년 사찰 풍경 무상
千年을 이어온 寺刹 風磬소리 그윽 無常

[1985 을축(乙丑)]

하(蝦)섬

큰 새우 뛰다 멈춰 쉬어 앉아 蝦(하)섬인가
바닷물 들이켜서 갈라 길을 만들어서
오는 님 등허리 태워 맑은 물로 드시옵게

父母(부모)님 고깃배가 風浪(풍랑)으로 오지 못해
龍王(용왕)께 빌고 빌어 海(해)열어서 모신 孝子(효자)
그 精誠(정성) 닿아서 모인 물결 潺潺(잔잔) 白沙場(백사장)아

[1986 병인(丙寅)]

채석강(採石江)

격포항
格浦港 바다 보며 책을 읽다 쌓아두어
취
한시름 잊어놓아 술 한 잔에 醉했는가
기암절벽 만고세월
쌓인 책 굳은 돌 되어 奇巖絶壁 萬古歲月

백사장
끝 내린 白沙場엔 고운 모래 모였고야
영롱 석양이별
맑은 물 붉은색이 玲瓏하게 夕陽離別
억겁 파도
億劫의 波濤밀물로 다듬어서 기다린가

[1990 경오(庚午)]

동백꽃

殘雪(잔설)앞 이른 봄날 애가 타는 사랑인가
발갛게 피멍 들어 冬栢花(동백화)로 피었누나
목놓아 부르는 빛에 동박새만 찾아오네

꽃송이 떨어져도 秀麗(수려)함은 그대로니
一梣紅(일임홍) 붉은 마음 아름답고 隱隱(은은)하다
그리움 울다 지쳤네 바람 와서 쓰다듬고

[1991 계유(癸酉)]

마이산(馬耳山)

斜陽淵(사양연) 물먹으려 數萬年(수만년)을 쫑긋 세워
굳어져 하늘이고 구름 소리 들으는가
못들은 이야기거든 쌓은 塔寺(탑사) 드린 精誠(정성)

天上(천상)에 오르려다 못내 들켜 앉은자리
두 귀로 玉皇上帝(옥황상제) 부름만을 기다린데
馬耳山(마이산) 봄빛 내려 흐드러진 벚꽃이야

[1991 신미(辛未)]

깻잎

白蘇(백소)잎 피어나면 그 잎사귀 깻잎이야
걸 綠色(녹색) 紫朱(자주) 뒷면 흰꽃 모여 差隷(차례)송이
잎 넓은 香(향)과 함께 여름 밤이 생긋하다

잎 따서 담은 김치 밥 숫갈을 감싸주고
장아찌 짭조름한 겨울날에 여름 생각
삽겹살 쌈으로 담아 고기 맛도 고소하게

[1991 신미(辛未)]

지리산(智異山)

세우중 지리산
細雨中 智異山 길 바람함께 거쳐 올라
정상 운무 신선
그 頂上 雲霧위로 神仙된 듯 멀리넓다
천왕봉
이슬비 바위 적시니 天王峰이 질어 시원

노고단
우거진 老姑壇에 흰 구름이 여울진다
운향
촉촉히 씻어 맑아 雲香으로 피워올려
산 정기 지혜 두류산
山가득 精氣를 모아 智慧 높은 頭流山아

[1992 임신(壬申)]

봉아산(峰雅山)*

태어난 故鄕(고향)집서 十三年(십삼년)을 마주했던
峰雅山(봉아산) 아름다운 고운 姿態(자태) 山(산)등성이
지는 해 봄여름가을 겨울노을 그려주고

진달래 곱게 불든 山(산)속 멀리 아련하게
大處(대처)로 떠나버린 누이생각 해 저물어
그 追憶(추억) 三十年(삼십년) 가도 봉우리는 그대로네

---

* 전북 남원 보절 성시리와 장수 산서 봉서리, 임실 둔남 오수를 아우르는 거물 산성을 연해 있는 산으로 봉우리 자태가 아름다워 봉아산이라 부른다. 봉화(烽火)를 올렸기 때문에 봉화산이라고도 한다. 생가집의 서쪽 산봉우리다.

[1994 갑술(甲戌)]

난(蘭)

深山谷(심산곡) 바람 기억 花盆(화분)담아 심어 옮긴
잎줄기 헤쳐 솟아 꽃피어서 은은한 향
달 밝은 창가에 홀로 맑아그윽 휘영청淨(정)

멀리도 더하누나 한껏 서려 흐르는 듯
두고서 함께하니 君子氣像(군자기상) 가득하다
高潔(고결)함 담아 감추니 清楚(청초)함이 빼어났다

[2003 계미(癸未)]

피라미

장마끝 물여울 저 피라미떼 오고간다
쉬쉬쉬 몰아가면 돌밑 풀섶 숨어들어
소쿠리 대어 담으면 銀(은)빛 팔딱 눈 부시고

깊은 물 낚시 늘여 오락가락 움직이면
금세도 덥석 물어 두 아들이 新奇(신기)해 해
그 모습 寫眞(사진)을 찍어 現場學習(현장학습) 課題工夫(과제공부)

[2004 갑신(甲申)]

목수국(木水菊)

한여름 산들바람 흰 나비들 모여있듯
날갯짓 함께 차려 無常(무상)하다 素服(소복)차림
孤獨(고독)한 華麗(화려)함 담아 뜨건 햇볕 받아 핀가

떠나간 님 그리워 사랑 마음 眞心(진심)새겨
기다림 눈물 머금 초저녁 달 서러웁고
하얗게 맺힌 恨(한)은 꽃 빛 져도 그대로네

[2004 갑신(甲申)]

선유도(仙遊島)

해당화 명사십리 신선
海棠花 明沙十里 두 神仙이 바둑 놓아
훈수
세 섬이 訓手 두어 한가로이 노니는가
충무공 명량해승전
忠武公* 鳴梁海勝戰 지쳐 쉬어 머무른 곳

월영봉 누대 고운선생
月迎峰 樓臺에서 글을 읽은 孤雲先生**
유학비조 대륙국 찬탄
이 땅의 儒學鼻祖 大陸國도 讚歎한다
해도절경
빼어난 海島絕景 다시 일러 무엇하리

---

* 충무공(忠武公) 이순신(李舜臣:1545~1598)이다. 본관(本貫)은 덕수(德水), 자(字)는 여해(汝諧)이다. 선조(宣祖;재위1567~1608) 9(1576)년 무과(武科)에 급제[하여 동구비보권관(董仇非堡權管)을 시작으로 건원보권관(乾原堡權管), 사복시주부(司僕寺主簿), 정읍현감(井邑縣監), 전라좌도수군절도사(全羅左道水軍節度使), 삼도수군통제사(三道水軍統制使) 등을 역임하였다. 임진왜란을 승리로 이끌었으며, 거북선을 만들었다. 선무공신(宣武功臣) 1등에 녹훈되고, 덕풍부원군(德豊府院君)에 추봉되었으며, 우의정, 좌의정, 영의정에 추증되었다. 충렬사(忠烈祠), 충민사(忠愍祠), 현충사(顯忠祠) 등에 제향하였다. 《난중일기(亂中日記)》를 남겼다.

** 고운(孤雲) 최치원(崔致遠;857~몰연대미상)이다. 신라 868년(경문왕 8)에 12세에 중국 당나라에 유학하여, 18세에 빈공과(賓貢科)에 합격하여 당나라 관직을 역임하며 문명을 떨쳤다. 29세에 신라로 돌아와 시독 겸 한림학사 수병부시랑지서서감사(侍讀兼翰林學士守兵部侍郎知瑞書監事)을거쳐 태수(太守)를 역임하였다. 최고 관등인 아찬(阿飡)에 올랐으나 말년에 은거하였다. 문집 《계원필경(桂苑筆耕)》 등이 전한다.

[2005 을유(乙酉)]

기생초화(妓生草花)

草綠色(초록색) 치마 입고 샛 노오란 저고리에
검붉은 쪽 머린 양 누굴 반겨 기다린가
홀로 핀 한 떨기 꽃 웃음 짓는 妓生草花(기생초화)

달무리 아롱져진 술잔 잡아 勸(권)하는 밤
紅燈街(홍등가) 노랫소리 소맷자락 춤사위로
華奢(화사)한 외로움 담아 꽃새 잎잎 多情(다정)하다

[2005 을유(乙酉)]

선운산(禪雲山)

구름 속 參禪(참선)하여 兜率山(도솔산)*이 禪雲山(선운산)가
鬱蒼(울창)한 숲을 꾸려 溪谷(계곡)흘러 內金剛(내금강)이
눈물로 冬栢(동백)꽃 피워 바다로 진 노을이야

長沙松(장사송) 六百年恨(육백년한)** 相思花(상사화) 핀 꽃무릇은
가을날 만나고저 鮮紅(선홍)댕기 사랑 담아
기다려 님 그린데 梵鐘(범종)소리 無心隱隱(무심은은)

---

* 미륵불(彌勒佛)이 있는 도솔 천궁의 뜻으로 불도(佛道)를 닦는 산을 의미한다.

** 수령 600여 년의 소나무로 이곳의 옛 고을 이름이 장사현(長沙縣)이어서 그 이름을 따서 장사송이라고 불린다. 이 고을에 살았던 여인 장사녀가 수자리(국경을 지키려) 떠난 남편을 애타게 기다리다 지쳐 죽은 그리움의 한(恨)이 서려 있다는 전설이다.

[2006 병술(丙戌)]

한라산(漢拏山)

선 마 고　　　　　　　　　　한 라 산 봉
詵麻姑 큰 할망이 쌓았던가 漢拏山峰
험
오른 길 險하고야 쿠살낭*이 빼어났다
백 록 담
흰 사슴 목말랐구나 白鹿淡물 마셔 없고

만 고 세 월　　미 소
흰구름 머리 이어 萬古歲月 감춘 微笑
유 채
油菜꽃 노란 물결 바닷가로 넘실거린
삼 별 초　　　　　　　　　　　　자 존
三別抄** 말굽 소리가 아직 남아 지킨 自尊

---

* 구상나무의 원래 제주도말 표현, 쿠살낭이라고 하여 구상나무라고 이름 지었다.

** 삼별초(三別抄)는 고려 때 몽고 침략에 대항한 고려의 무장 세력이다. 최후까지 제주도로 후퇴하여 저항하였다. 몽고의 진압군에 옥쇄(玉碎)를 감행하여 몽고 침략에 대한 자존(自尊)을 지켰다.

[2007 정해(丁亥)]

연화(蓮花)

못 덤벙 심어 자란 蓮(연)잎사귀 이슬구슬
분홍빛 고요하게 은은스레 蓮花(연화)핀다
가만히 물에 담궈서 씻어 맑은 꽃잎 자락

누구를 만나고저 밝게 곱게 端裝(단장)한가
千年(천년)을 기다린다 高節(고절)하게 앉았고야
못 이룰 因緣(인연) 이거든 다음 生(생)을 旣約(기약)하소

[2008 무자(戊子)]

남해안(南海岸)

백사장
갈매기 白沙場에 종종걸음 드넓도다
은
먼바다 가득가득 銀빛 물결 담았고야
풍 해송
소금 風 견딘 海松이 짭짤하게 늠름하다

보리암 해수관음 자비
菩提庵 海水觀音 慈悲 넓어 바다 깊고
이성계 백일기도
李成桂* 百日祈禱 나라세워 열었는가
남해안 정기 화려강산
南海岸 精氣받아 華麗江山 아름답다

---

* 이성계(李成桂;1335~14080) 본관(本貫)은 전주(全州), 자(字)는 군진(君晉), 호는 송헌(松軒)이다. 고려 우군도통사(右軍都統使)를 역임하였고, 역성혁명(易姓革命)을 통하여 조선을 개국하였다. 묘호는 태조(太祖)이며, 시호는 강헌지인계운성문신무대왕(康獻至仁啓運聖文神武大王)이다.

[2008 무자(戊子)]

자귀나무꽃

잎새가 서로 만나 사랑 이뤄 피워낸 꽃
부챗살 수술 흰빛 머리 粉紅(분홍) 아련아롱
달콤한 香氣(향기) 피우니 꿀이 뚝뚝 情(정)이 깊고

비 올까 해질녘에 멀리 떠난 郎君(낭군)그려
房(방)가득 꾸민 마음 오시거든 반기고 저
애初(초)에 불러주었던 그 盟誓(맹서)를 잊지 마오

[2009 기축(己丑)]

백두산(白頭山)

타국 백두산정
他國땅 돌고 돌아 오르는 길 白頭山頂
기화요초 원시림곡 신비
이곳저곳 琪花瑤草 原始林谷 神秘롭고
천지연 운무
天池淵 덮은 雲霧 맑게 걷혀 맞아주네

절반 북
折半만 돌아보아 갈 수 없는 北녘 땅아
아득한 검푸른 못 널리 깊어 하나인데
통일
마를 날 없을세라 統一이뤄 만나고저

[2017 정유(丁酉)]

속리산(俗離山)

俗世(속세)를 떠나가서 白頭大幹(백두대간) 자리 잡아
애끓는 그 因緣(인연)을 모질게도 바위 세워
落葉(낙엽)비 날리는 가을 無心(무심)하게 하늘 본다

임금님 걸어 올라 글을 읽어 文章臺(문장대)야
뜻깊어 아로새겨 瀑布水(폭포수)에 담궈놨네
물 흘러 그리움 함께 世上(세상)찾아 가는구나

[2018 무술(戊戌)]

도담삼봉(島潭三峯)

丹陽(단양)의 빼난景致(경치) 島潭三峯(도담삼봉) 물에 비춰
玉(옥)맑은 丹楓(단풍)담아 저녁노을 드리우면
잠겨진 가을 마음을 강물 흘러 보내는가

三峯(삼봉)*의 奇智知慧(기지지혜) 稅金(세금)없이 차지하고
平生(평생)을 雅號(아호)삼아 開國功臣(개국공신) 이름 올려
그 抱負(포부) 깊고 깊어 솟아 맺힌 봉우린가

---

* 정도전(鄭道傳:1342~1398)이다. 본관은 봉화(奉化), 자(字)는 종지(宗之), 삼봉(三峯)이 그의 호이다. 시호는 문헌(文憲). 고려 말 조선 초의 문신이자 고려 말 권문세족의 부패 정치와 이에 기생하는 불교를 비판하였고, 성리학 이념에 기초한 중앙집권적 관료제 국가인 조선 왕조 성립에 핵심적인 공헌을 하였다.

[2020 경자(庚子)]

동해(東海)

군단장　초청　강원양양　군휴양소
軍團長* 招請받아 江原襄陽 軍休養所
파도
바다를 뜰로 삼아 넓디넓은 波濤물결
광대
먼 하늘 이슬비 내려 검푸르게 廣大하다

낙산사　의상대정　해양찬란
洛山寺 義湘臺亭 무지개 떠 海洋燦爛
강장군　사진　추억
姜將軍 寫眞담아 함께 찍어 追憶되고
망망　웅장　동해
茫茫히 雄長하도다 일렁이는 東海바다

* 육군 제 8군단장 중장 강창구(姜昌求) 장군.

[2021 신축(辛丑)]

바람(風[풍])

불어온 바람 타고 하루 삶이 떠나간다
닿은 듯 어루만짐 이내 마음 알까마는
가려고 가시려거든 잊어 함께 가시오소

오는 듯 모른고야 살며시도 부는구나
가는 길 멀고 먼데 쉬어 멈춰 기다리소
急[급]히도 휘몰아치면 그리워도 못 볼까 봐

2부(二部)

마음을 따라
因

2부(二部)

마음을 따라 因

[1965 을사(乙巳)]

劉忠烈傳(유충렬전)*을 읽어 들려주시니

어머니 燈心(등심)돋워 燈(등)불 아래 한글小說(소설)
옛 표기 세로줄 冊(책) 劉忠烈傳(유충렬전) 읽으신다
律調(율조)로 읊으시고선 口演(구연)말씀 밤은 깊어

忠烈(충렬)이 번개같이 奸臣逆徒(간신역도) 處斷(처단)하니
萬里(만리)길 天賜馬上(천사마상) 勇敢堂堂(용감당당) 들려주사
소르륵 잠들어 꿈에 飛龍(비룡)타고 하늘 나네

* 《유충렬전(劉忠烈傳》 작자 연대 미상으로 18세기 후반 조선 시대 후반 조선에서 저술된 한글 군담소설이다. 충신(忠臣)과 간신(姦臣)의 대립을 통하여 중신상(忠臣像)을 나타낸 작품이다. 병자호란(丙子胡亂) 이후 오랑캐인 중국 청(靑)나라에 대한 민족적 적개심을 표현한 소설이다.

[1966 병오(丙午)]

서당(書堂)

한글도 못 깨친 데 다섯 살에 書堂工夫(서당공부)
訓讀(훈독)을 먼저하고 그뜻 새겨 音讀(음독)하고
큰소리 읊조리며는 하루해가 저무는 밤

天高(천고)매 日月明(일월명)요 地厚(지후)하니 草木生(초목생)야
하늘 끝 해달 밝고 땅 두터워 플 나무 나
첫 배움 잘 모르는 채 글 읽는다 推句(추구)* 文章(문장)

---

* 《추구(推句)》는 뽑아놓은 글귀란 의미로 유명한 시인들과 명사들이 애송했던 오언절구(五言絶句) 중 좋은 대구(對句)들만 발췌하여 편찬한 서당의 초학(初學) 교재이다. 그 내용은 천지자연에 관한 것, 인간에 관한 것과 일상생활에 있어서 항상 접할 수 있는것과 권학(勸學)을 강조하는 내용을 싣고 있다.

[1968 무신(戊申)]

표 치기

灰包袋(회포대) 누런 종이 표딱지를 만든고야
네 것을 발을 대고 내 王(왕)표로 힘껏 치면
벌떡 서 뒤집혀져서 넘어간다 표를 친다

階級章(계급장) 높은 대로 이겨 먹는 딱지놀이
내 딱지 모두 將軍(장군) 이겼구나 다 따먹고
손바닥 얼얼히 처서 뒤집히면 먹어 이겨

[1969 기유(己酉)]

숨바꼭질

숨어라 꼭꼭숨어 머리카락 안보이게
술래가 눈을 감아 기둥 대고 數(수)를 세면
장독대 모두 숨어서 옷자락이 다 보인다

늦가을 숨바꼭질 짚단 가리 깊게 숨어
꾀꼬리 못 찾겠다 잠들어서 해진저녁
온 동네 사람들 함께 술래 되어 찾아왔네

[1969 기유(己酉)]

못 치기

해 짧은 겨울 나절 눈 녹아서 양지바른
못 치기 쇳소리가 부딪히며 울려난다
어깨 팔 아프게 도록 고드름이 손 시려워

길 다란 쇠못 갈아 뾰쪽하게 만든고야
내리쳐 相對(상대)의 못 쓰러져서 튕겨나면
탱탱히 꽂혀서 우뚝 박힌 자리 단단하게

[1970 경술(庚戌)]

비석(碑石) 치기

비 석
돌 세워 돌을 던져 왁자지껄 碑石 치기
당 산 목
堂山木 그늘에서 손 던지기 떡 장수로
떨어진 나뭇잎 누워 쓰러지는 돌과 함께

무릎에 가슴 어깨 머리에 돌을 이고
균 형 집 중
몸 均衡 잘 잡아야 執中되어 잘 맞힌다
정 자 비 석
해 저문 亭子 나무 밑 碑石돌만 남아 저녁

[1970 경술(庚戌)]

습자(習字)

조 부
祖父님* 남긴 벼루 먹을 갈아 붓을 잡고
획 획
아버지 내 손 잡아 한劃 한劃 글씨 연습
양 자
말머리 누에머리樣 한일字도 어려워라

견 본
見本을 써주시고 따라 쓰라 이르시니
획 간 격 구 성
먹물이 듬뿍 번져 劃間隔이 構成없다
습 자 지 혼
習字紙 없어 그리니 개칠했다 魂내시고

---

* 이병수(李秉壽;1883~1960) 자(字)는 경욱(敬勗), 호는 동은(東隱)이다. 유학(儒學)의 학문에 뛰어났고, 시문(詩文)에 밝았다. 서당(書堂) 운산숙(雲山塾)을 열어 생도(生徒)를 가르쳤다. 새재[조령(鳥嶺)]선생, 동은거사(東隱居士)로 불렸다. 1대 조부 이집(李集;1327~1387) 선생의 문집 《둔촌유고(遁村遺稿)》를 간행하였다. 문집 《동은유고(東隱遺稿)》가 있다.

[1970 경술(庚戌)]

팽이

뜰방 위 四寸同生(사촌동생)* 등근 나무 눌러 잡아
낫으로 돌려 깎아 뺑오리를 만들어서
쇠못을 심으로 박아 크레용色(색) 칠해주어

채찍을 돌려치니 뱅뱅뱅뱅 잘도 돈다
무지개 色(색)깔촘촘 윙윙윙윙 다채로워
부딪쳐 싸움을 해도 빙글빙글 살아있네

---

* 이용걸(李容傑;1965~) 출가하여 스님이 되었다.

[1970 경술(庚戌)]

활쏘기

대나무 弓(궁)만들어 毿(삼)실 꼬아 시위 걸고
화살촉 뾰족하게 저릅대로 살을 끼워
짚단을 과녁 삼아 쏘는 살이 的中(적중)한다

한두巡(순) 열대 쏘아 精神執中(정신집중) 고요하고
시위를 힘껏 당겨 하늘 높이 쏘아내면
떠나는 화살을 따라 멀리 도록 가고파라

[1971 신해(辛亥)]

깔*베기

아버지 새끼꼬아 엮어 만든 망태 끼고
논두렁 수북한 풀 소여물로 깔을 벤다
한웅큼 낫질을 하면 파릇픗픗 香氣(향기)내음

깔 망태 가득 채워 들어 메고 걷는 풀섶
개구리 놀란 마냥 논에 첨벙 뛰어들면
누렁이 앞장서 가네 꼬리 치며 돌아보고

* 소나 말에게 먹이는 풀인 '꼴'의 전라도 사투리.

[1971 신해(辛亥)]

목자 차기

가로 둘 세로 네 칸 그린 마당 목자 차기
외발로 돌을 차며 쉬는 칸에 이르러서
목자를 힘껏 밀어 차 到達(도달) 칸에 定(정)한대로

깨금발 均衡(균형) 잡고 목자 돌을 잘 던져야
그은 선 밟지 말고 넘지 않는 規則(규칙)으로
놀이를 運動(운동) 삼아서 즐거워라 재미난다

[1971 신해(辛亥)]

썰매

까끔* 밑 방죽 물이 꽁꽁 얼어 氷板(빙판)되면
썰매를 타는 겨울 곳날등이 시려온다
살얼음 물위 지치면 모닥불에 옷 말리고

대나무 쪼개어서 불에 구워 눈썰매야
하얀 눈 언덕길을 쏜살같이 타 내린다
온世上(세상) 솜 덮인 꽃이 달려 같이 흩날리네

* 마을 부근에 있는 작은 산이나 언덕의 전라도 사투리.

[1971 신해(辛亥)]

이삭줍기

秋收(추수)한 다랭이 논 벼 이삭이 여기저기
주워서 모아보니 두 손 足(족)히 넘쳐난다
소중한 알穀(곡)들 많이 이렇게도 버려진가

아버님 이삭들을 다시 논에 두라시니
겨울새 모이 되어 嚴冬雪寒(엄동설한) 지낼 配慮(배려)
감나무 까치밥 남긴 그 理致(이치)를 알겠느냐

[1971 신해(辛亥)]

제기차기

옛 銅錢(동전) 葉錢(엽전) 구멍 비닐종이 술을 달아
한발로 兩(양)발로 차 제기차기 겨울 놀이
땅으로 떨어질까 봐 움직임에 땀 젖는다

설 세배 마친 골목 오래 차기 試合(시합)하면
瞬發力(순발력) 柔軟性(유연성)이 꽃술 따라 함께하고
눈과 발 같이 어울려 허리 다리 몸이 튼튼

[1972 임자(壬子)]

공기(拱棋)놀이

새알 돌 곱게 다섯 그늘 아래 공기놀이
한 집기 두셋 집기 네 개 집기 손등 꺾기
누이의 고운 손가락 모래 위에 사뿐사뿐

올라간 공깃돌을 내려앉아 받기 前(전)에
두세 알 집는 손이 쓸어 담듯 쓰다듬고
한 銅(동)도 못 먹은 나이 벌써 누나 열여섯살

[1972 임자(壬子)]

나무하기

가을 녘 서리 丹風(단풍) 童山(동산) 아래 소나무 밑
붉은色(색) 솔가리 잎 針針層層(침침층층) 쌓였고야
키보다 더 큰 갈퀴로 긁어모아 망태 가득

虛廳(허청)에 가지런히 가리 나무 쌓아두면
불 피는 쏘시개로 활활 피는 아궁이 안
재 넘겨 김이 오른다 밥주걱을 씻는 엄마

[1972 임자(壬子)]

모내기

벼 모를 한 줌 쥐고 포기 못줄 꽂는 따라
네다섯 포기 세어 食指中指(식지중지) 꼽아 심네
줄 間隔(간격) 두줄 띤 못줄 앞뒤 심어 줄이야聲(성)

써레질* 넓은 무논 파릇파릇 덮어오면
부드런 물속感觸(감촉) 허리 굽혀 뻐근하다
자라서 벼 익어 숙일 가을豊年(풍년) 여름 가면

---

* 긴 토막나무에 둥글고 끝이 뾰족한 막대기 6~10개를 빗살처럼 나란히 박고, 위에는 손잡이를 가로댄 농기구인 써레로 논바닥을 고르거나 흙덩이를 잘게 부수는 일이다. 소의 멍에에 줄을 잡아매어서 하였다.

[1972 임자(壬子)]

목도(木刀)

낫으로 깎아내서 나무 칼을 만든고야
師父(사부)된 머슴 아재 本國劍術(본국검술)* 알려준다
武藝(무예)는 技術(기술)보다도 精神一到(정신일도) 重要(중요)하다

큰 동네 童山(동산)에서 또래 함께 試合(시합)한다
부딪힌 木劍(목검)소리 뚝딱뚝딱 울려 퍼진
마음은 武士(무사)되어 戰爭(전쟁)터의 將軍(장군)인 듯

---

* 무술을 연마하기 위하여 사용한 우리 고유의 검술로 《무예도보통지(武藝圖譜通志)》에 본국검으로 기록되어 있다.

[1972 임자(壬子)]

벼 베기

가을들 나락 익은 논 다랑이 淸凉(청량)하다
두 포기 베어 먼저 맥기 엮어 펼쳐놓고
세손 네손 묶어 세워서 볏가리로 볕에 말려

볏단에 冊(책)을 펴고 한 줄 보며 한 손 베고
農繁期(농번기) 試險工夫(시험공부) 마음生覺(생각) 躁急(조급)하다
다 베고 執中(집중)하라는 아버지의 꾸지람뿐

[1972 임자(壬子)]

보리 갈이

파종
벼 벤 논 두렁 갈아 가을보리 播種한다
씨앗을 뿌리고서 괭이질로 흙을 덮네
숙모
淑母님* 논 다랑이에 습이 차서 해는 지고

푸른 싹 보리밭이 서릿발로 얼어 뜨면
밭 밟기 겨울날에 뿌리내려 잘 자라게
풍년가
봄 되어 종달새 울면 바람 살랑 豊年歌야

---

* 윤금순(尹金順;1929~1982) 파평인(坡平人), 택호(宅號)는 용동(龍洞)이다. 한국 전쟁 때 남편를 여의고 유복자(遺腹子)를 홀로 키웠다. 시아버님을 봉양하며 농사를 짓고 평생 수절(守節)하며 살았다. 그 지조(志操)가 칭송되어 군(郡)에서 열녀(烈女)표창을 하여 선양(宣揚)하였다.

[1972 임자(壬子)]

보리 베기

이삭 패 까끄라기 수염 자라 익으며는
낫 들고 이랑 따라 엎 잡아서 보리 벤다
아버지 글 읊어주어 뜻 새기다 손 베이고

타작한 한여름에 땀이 젖어 껄끄럽다
토실한 겉보리 알 덕석 쌓여 수북하고
미끈한 보릿대로 엮어 만든 여름 帽子(모자)

[1972 임자(壬子)]

연(鳶) 날리기

다섯 개 댓살 깎아 防牌鳶(방패연)을 만들어서
감은 실 물레풀어 하늘 높이 鳶(연)날린다
가녀린 실낫을 달고 바람 타고 둥실둥실

보거든 傳(전)해 다오 햇볕조차 추운 겨울
그곳에 우리 누이 따뜻하게 지내는지
멀리 곰 날아올라서 보고 싶다 구름 타고

[1973 계축(癸丑)]

자치기

채와 알 만들어서 마당에 홈을 파고
홈 치기 한 손 치기 돌려치기 하늘 치기
銅(동)내기 자치기 하며 하루해가 넘어간다

길이 자 豫測(예측)하여 거리 가늠 눈썰眉(미)로
숫자 셈 더하여서 百銅(백동) 먼저 내는 勝負(승부)
汩沒(골몰)이 執中(집중)할수록 덧셈 工夫(공부) 늘어간다

[1973 계축(癸丑)]

회초리

嚴父(엄부)요 慈母(자모)인데 어머니의 회초리 끝
매섭게 치시오니 줄기 鮮明(선명) 쓰라리다
제 잘못 있었었거든 말씀으로 魂(혼)내소서

班長(반장)이 責任(책임)이다 先生(선생)님의 體罰(체벌)매질
竹篦(죽비)로 깨우치듯 쪼갠 소리 아픈고야
罰(벌)한들 몰라 그런 걸 어찌 그리 酷毒(혹독)하오

[1974 갑인(甲寅)]

지게질

바작을 지게 얹어 秋收(추수) 콩대 지고 논길
양어깨 멜빵 무게 무릎 다리 후들후들
均衡(균형)은 작대기 짚고 좁은 언덕 조심조심

지게도 무거운데 짐을 조차 지신 아빠
등허리 굳은살이 歲月(세월)옹이 담겼어라
平生(평생)을 苦生(고생)을 짊어 새벽 저녁 키운 子息(자식)

[1974 갑인(甲寅)]

《소학(小學)》*을 읽다

청소 응대 진퇴예절
물 뿌려 淸掃하고 應對하며 進退禮節
기본도리 시작 청결
사람의 基本道理 그 始作은 淸潔부터
몸가짐 깨끗해야 마음 바로 세워진다

세상 청정
더불어 사는 世上 淸淨하면 모두 맑아
수신 만사여의 초석
修身의 부지런함 萬事如意 礎石이다
우위
사람들 제아니하고 남탓으로 優位하려

---

* 《소학(小學)》 중국 송(宋)나라의 유자징(劉子澄;1163~1232)이 초등 유학(儒學)을 가르 치기 위하여 1187년에 편찬하고 주희(朱熹;1130~1200)가 수정·보완한 수양서이다. 내용은 내편(內篇)은 입교(立敎)·명륜(明倫)·경신(敬身)·계고(稽古), 외편(外篇)은 가언(嘉言)·선행(善行)으로 되어 있다.

[1976 병진(丙辰)]

도시락

찬합 반찬통
어머니 큰 饌盒밥 새우조린 飯饌桶에
점심 반 수업
點心에 半만 먹고 남겨두어 授業마친
오후 고입준비 야간자습
午後에 高入準備로 夜間自習 새참 한술

하교 전등
下校 길 손 電燈에 징검다리 개울 건너
재촉한 발걸음아 배고프다 어서가자
공부 통
工夫로 채워진 빈속 달각거린 도시락桶

[1977 정사(丁巳)]

장기(將棋)두기

교차점 구
아흔 개 交叉點에 가로 열줄 세로九줄
궁 초한지 전쟁
두 宮이 나누어져 超漢志*를 읽는 戰爭
멸망
장이야 외통수 치면 멍군 못해 滅亡한다

차포 직선진격 마상 일자공격
車包는 直線進擊 馬象은 日字攻擊
진점 일진일퇴
열여섯 열여섯이 陣點따라 一進一退
병졸 이동
어이해 兵卒들만이 한 칸만을 移動한가

---

* 《초한지(楚漢志)》 중국의 역사 소설로 저자가 분명하지 않다. 중국 진(秦)의 말기 초(楚)나라 항우(項羽)와 한(漢)나라 유방(劉邦)의 대립 전쟁을 묘사하고 있다.

[1979 기미(己未)]

취직(就職)

졸업 반년 고삼학년 이학기
卒業을 半年 남긴 高三學年 二學期때
누님의 알선으로 집안 형편 보태고자
시험 화학회사 화장원료
試驗본 化學會社* 化粧原料 만드는 곳

학교 대신 출근 예비사원
學校를 가는 代身 出勤한다 預備社員
대학
깨어진 大學갈 꿈 밤새 울어 시린 가슴
퇴근 미련 야간자습 학교
退勤해 未練이 남아 夜間自習 學校가고

* 주식회사 신우화학(新宇化學).

[1980 경신(庚申)]

대학입학(大學入學)

부모 시험 합격 대학입학
父母님 몰래 試驗 合格하여 大學入學
등록 고학
아버님 첫 登錄만 돈 주시니 苦學의 길
공부 촉박
일하며 工夫하랴 하루해가 促迫하다

책
冊속에 길이 있다 찾아봐도 힘든고야
간절 생각 무한
懇切히 生覺한다 無限히도 끝이 없어
목표 교육학
헤쳐서 찾아선 目標 教育學을 배우누나

[1980 경신(庚申)]

화투(花鬪)

꽃 그림 열두種類(종류) 싸움한다 花鬪(화투)놀이
規則(규칙)도 可知可知(가지가지) 마흔여덟 다투누나
和睦(화목)한 마음을 담아 함께 즐겨 하랬던가

꽃 싸움 타짜 되어 죽기 살기 賭博(도박)한다
헤어날 可望(가망)없는 民弊(민폐)심한 風俗(풍속)되니
倭(왜)놈들 傳(전)해줬거늘 侵掠陰謀(침략음모) 담았구나

[1981 신유(辛酉)]

《논어(論語)》* 공부(工夫)

말씀을 討論(토론)한 글 論語工夫(논어공부) 어려워라
배워서 意味生覺(의미생각) 하늘 뜻을 懇切(간절)하게
어짊의 모든 根本(근본) 사람 마음 中心(중심)이라

巧妙(교묘)히 말 잘하고 外貌(외모) 꾸며 華麗(화려)한자
겉모습 置重(치중)하라 仁(인)의 品格(품격) 못 갖추리
그 누가 몰라주어도 배워 익혀 즐거웁게

---

* 《논어(論語)》 중국 춘추(春秋)시대의 사상가 공자(孔子;기원전551~기원전479)와 그 제자들의 언행을 기록한 유학(儒學) 경전, 모두 20편으로 나뉘어 있고, 내용 구성은 '배움'에서 시작해 '하늘의 뜻을 아는 것(知命)'까지로 되어 있다.

[1981 신유(辛酉)]

雨愁(우수)

책갈피 넘긴 밤에 늦가을 비 젖어온다
빗줄기 하염없이 소리 없이 흘러내린
그 하늘 어느 먼 곳에 떠나온가 슬픈 눈물

지난봄 맑은 눈빛 수줍게도 웃었는데
初(초)가을 여윈 江(강)가 들국화香(향) 남겼는가
그리워 타버린 마음 재로 쌓인 머리카락

[1982 임술(壬戌)]

《중용(中庸)》* 강독(講讀)

하늘이 부여한 것 사람 性稟(성품) 일러주니
稟性(품성)을 따르려는 가르침의 理致(이치) 밝혀
教育(교육)은 盡誠(진성)을향해 善(선)을 잡아 지키는 것

道理(도리)를 닦는 것을 講讀(강독)하라 이르시니
참 되려 노력하여 쉬지 않고 간다 하니
새기지 못하였다며 아버님의 不通評價(불통평가)

---

* 《중용(中庸)》 중국 노(魯)나라 유학자인 자사(子思;기원전492~기원전431)가 송(宋)나라에서 지은 유학(儒學) 경전. 유학 철학의 출발점과 그 지향 처를 제시하고 있다. 33장으로 구성되어 있으며, 중화사상(中和思想)과 성(誠) 사상을 설명하고 있다.

[1983 계해(癸亥)]

《대학(大學)》*의 변(辯)

밝은 德(덕) 밝게 하여 모든 사람 새로워라
最善(최선)을 다하도록 合當(합당)하고 適正(적정)하게
三綱領(삼강령) 修己治人(수기치인) 平天下(평천하)의 治國根本(치국근본)

理致(이치)를 智慧(지혜)삼아 誠實(성실)하게 마음잡고
바른 몸 집안 和睦(화목) 絜矩之道(혈구지도) 實踐(실천)하라
일러온 大學章義(대학장의) 어느 歲月(세월) 이뤄지리

* 《대학(大學)》 중국 노(魯)나라 유학자인 자사(子思;기원전492~기원전431)가 송(宋)나라에서 지은 유학(儒學) 경전. 내용은 3강령(三綱領), 8조목(八條目)으로 구성되어 있다. 3강령은 모든 이론의 으뜸이 되는 큰 세 가지 줄거리라는 뜻으로 명명덕(明明德)·신민[新民;친민(親民)]·지어지선(止於至善)을 말하고, 8조목은 격물(格物)·치지(致知)·성의(誠意)·정심(正心)·수신(修身)·제가(齊家)·치국(治國)·평천하(平天下)를 말한다.

[1983 계해(癸亥)]

《맹자(孟子)》*에 대하여

어짊에 義理(의리)더해 四端七情(사단칠정) 論(논)한고야
人物性(인물성) 같고 다름 數百年(수백년)을 다투누나
사람의 原來稟性(원래품성) 善惡(선악)으로 갈라친가

바르게 사는 것이 사람의 가야할 길
不動心(부동심) 正義(정의)로움 本來回復(본래회복) 아니하니
오죽해 捨生取義(사생취의)를 삶의 길로 삼았을까

---

* 《맹자(孟子)》 중국 전국(戰國)시대의 사상가 맹자(孟子;기원전372~기원전289)의 언행을 기록한 유학(儒學)경전. 양혜왕(梁惠王)·공손추(公孫丑)·등문공(滕文公)·이루(離婁)·만장(萬章)·고자(告子)·진심(盡心)의 7편으로 되어 있다. 인의(仁義)를 강조했고, 왕도정치(王道政治)를 말하고 있다.

[1984 갑자(甲子)]

눈 내린 저녁

大學院(대학원) 進學(진학)하여 助教(조교)하여 바쁜 나날
함박눈 소복 쌓인 研究室(연구실)밖 겨울 絶景(절경)
工夫(공부)온 恩美學生(은미학생)이 똑 닮았다 그때 그녀

포근한 털목도리 고운 얼굴 낯익어라
或如(혹여)나 물어 궁금 姉妹間(자매간)의 同生(동생)이네
아련한 追憶(추억)이 새록 그때인 양 두근두근

茶(차) 과일 準備(준비)하는 隱隱姿態(은은자태) 다시 온 듯
함께한 寫眞(사진)보니 영락없이 닮아 있어
수줍어 밝게 웃어준 그 모습도 같이 온가

쌓인 눈 곱게 조심 돌아보며 가는 손짓
설레는 그리움 핀 아련함이 젖어 든다
눈 내린 저녁 호숫가 그녀 함께 와있는 듯

[1984 갑자(甲子)]

《예기(禮記)》* 천견(淺見)

행의 정리 사십구편 체제
行儀를 整理하여 四十九篇 體制세워
예 해석 당쟁
禮따라 解釋붙여 옳고 그름 黨爭되고
정심 형식
正心은 아랑곳없이 形式따져 하릴없이

시대 변 인성인식
時代도 變하여서 人性認識 달라졌네
의례 준칙 정성
儀禮도 準則맞게 精誠이면 되는 것을
지식 의미 훼손
공연히 知識 삼아서 그 意味를 毁損한가

---

* 《예기(禮記)》 예(禮)에 관한 기록과 해설을 정리한 유학(儒學) 경전. 공자(孔子:기원전 551~기원전479)와 그 후학들이 131편으로 지은 것이다. 이후 증보하거나 간추려 편집되었다.

[1986 병인(丙寅)]

《근사록(近思錄)》*을 읽고

절실
切實히 물어가며 차근차근 생각하라
근본 선현
어짊의 根本찾아 先賢들의 말씀 풀어
인간 존엄 평등 근사록
人間 삶 尊嚴과 平等 近思錄을 엮었는가

성찰 윤리강상
내 마음 省察해야 倫理綱常 바로서니
육강목 공부 학문
六綱目 시작과 끝 工夫하여 學問일세

사람이 배우지 않아 감감 깜깜 어둔 밤길

* 《근사록(近思錄)》 중국 남송(南宋)의 유학자인 주희(朱熹;1130~1200)와 여조겸(呂祖謙;1137~1181)이 주돈이(周敦頤 ;1017~1073)의 《태극도설(太極圖說)》과 장재(張載;1020~1077)의 《서명(西銘)》·등에서 교훈적인 장구(章句)를 골라 편찬한 성리학(性理學)의 해설서다.

[1986 병인(丙寅)]

碩士學位(석사학위)를 받다

敎育學(교육학) 文學碩士(문학석사) 博士課程(박사과정) 合格(합격)하고
授與式(수여식) 오신兩親(양친) 어머니*는 옛날 韓複(한복)
아버님 두루마기에 寫眞(사진) 찍어 흐뭇하신

學位(학위)는 끝이 아닌 工夫始作(공부시작) 이거니와
祖父(조부)님 平生儒學(평생유학) 精神(정신)따라 이어가라
새겨서 實踐(실천)하라신 父親(부친)말씀 立春(입춘)겨울

---

* 최윤순(崔閏順:1936~) 전주인(全州人), 택호(宅號) 이룡(螭龍), 당호(堂號) 숙인당(淑仁堂), 남원 덕과면 신양리 부녀 회장, 남원 덕과면 단위농협위원으로 일하였다. 한글 시(詩) 쓰기와 그림 그리기를 즐겨 하였다.

[1986 병인(丙寅)]

《주역(周易)》* 변(變)

양괘 기운 음괘
밝음이 陽卦이요 어둔 氣運 陰卦로다
우주 건칭 세상 곤
宇宙를 乾稱하고 世上을 坤으로해
우봉효섭리 요소 변화기본
사이에 偶逢爻攝理 여섯要素 變化基本

괘 형 생성이치
卦들이 서로 만나 예순넷形 生成理致
만물성장
바꾸어 달라지니 살아있는 萬物成長
중 몽괘효
그中에 가르쳐야 하는 蒙卦爻가 으뜸이라

* 《주역(周易)》 유학(儒學)의 경전 중의 하나인 역경(易經)을 말한다. 풍 복희씨(風 伏羲氏;기원전 2800년 무렵)가 8괘(卦)를 만들고 주 문왕(周 文王;기원전1152~1056)이 64괘와 괘효사(卦爻辭)를 만들면서 성립되었다. 역(易)은 태극을 정점으로 양(陽)과 음(陰)의 이원론(二元論)으로 우주철학을 논하고 있어 유학의 철학 사상의 근간이 되었다.

[1987 정묘(丁卯)]

못다 한 사랑

어여쁜 수줍웃음 그윽한 눈 多情多感(다정다감)
두근대 설렌 가슴 아릿하게 저미는 맘
어이해 告白(고백)못하고 달빛 밤새 잠못든가

안 보면 보고 싶고 만나보면 말을 못 해
그리도 다 못하고 가슴앓이 혼자 사랑
軍(군)에 와 전화만 한번 간직한 채 지난 歲月(세월)

[1987 정묘(丁卯)]

육 군 중 위 임 관
陸軍中尉 任官

십 이 주 군 사 훈 련 육 군 중 위 임 관
十二週 軍事訓鍊 陸軍中尉 任官한날
계 급 장
어머님 누나 함께 階級章을 달아주신
육 군 제 삼 사 관 학 교 특 임 석 사 칠 기 정 훈
陸軍第 三士官學校 特任碩士 七期 政訓[*]

백 모 십 리
伯母님[**] 나 앞세워 조카 자랑 十里걷고
문 무 겸 전 덕 담 은 사
文武를 兼全했다 德談주신 恩師님 말
군 장 병 정 신 교 육 강 군 육 성 근 본
軍將兵 精神敎育은 强軍育成 根本이다

---

* 정치훈련장교(政治訓練將校).

** 한재숙(韓在淑;1925~2013) 청주인(淸州人), 당호(堂號)는 덕천당(德川堂)이다. 한글《소학(小學)》과《내훈(內訓)》에 밝았으며, 침선(針線)에 뛰어났다.

[1987 정묘(丁卯)]

《소학(小學)》 토론

후반기 장교교육 국군정신 전력학교
後半期 將校教育 國軍精神 戰力學校
교육전 시간 소학공부
教育前 아침 時間 小學工夫 하자 하여
여소위정훈 토론
여섯 명 女小尉政訓 같이 함께 討論한다

제복 장교자태
모두들 制服입고 將校姿態 초롱초롱
선발 자부심 여군기상
選拔된 自負心에 아름다운 女軍氣像
사부 기품 정담
師父라 불러주면서 氣品속에 情談깊네

[1988 무진(戊辰)]

조국(祖國)의 전선(戰線)에서

강원도 철원군 조국전선 백골부대
江原道 鐵原郡에 祖國戰線 白骨部隊
삼팔선 선봉돌파 국군 제정공훈
三八線 先鋒突破 國軍의 날 制定功勳
부임 정훈장교
첫 赴任 23연대로 1대대의 政訓將校

백골 고향 수복
白骨이 되어서도 故鄕땅을 收復하리
진격 휴전 삼십오년 철조망
進擊이 멈춘 休戰 三十五年 鐵造網이
통일념 단풍
統一念 감춰서 핀 丹風으로 물들었네

[1989 기사(己巳)]

곰배산 할아버지

철원군 근남면
鐵原郡 近南面에 곰배산의 할아버지
철책선 고향 망향평생
鐵柵線 넘어 바로 자란 故鄕 望鄕平生
휴전선 경계작전
그리워 休戰線 넘다 警戒作戰 들켜 못가

이념벽 육이오 반도
理念壁 六二五가 半島허리 가로지른
가고파 바튼기침 이날토록 뒤척였네
분단 한 수구초심 능선
分斷의 맺힌 恨 깊은 首丘初心 陵線따라

[1989 기사(己巳)]

대통령 부대표창(大統領 部隊表彰)

토론식 이념교육 모형개발 실행
討論式 理念教育 模型開發 實行하여
성과 전군최고 대통령 부대표창
그 成果 全軍最高 大統領의 部隊表彰
사단장 치하 취 군인정신
師團長 致賀술잔에 醉한저녁 軍人精神

전력 사기진작 자신감
戰力은 士氣振作 自信感을 갖게해야
훈련 병사 교육태반
訓鍊에 힘든 兵士 教育太半 졸음 꾸벅
충일 일당백승
그래도 싸우면 이길 充溢하다 一當白勝

[1990 경오(庚午)]

강의(講義)

漆板(칠판)을 지워내면 粉筆(분필)가루 꽃잎 날린
講義室(강의실) 窓(창)밖으로 봄香氣(향기)가 살랑댄다
밝은 눈 초롱초롱 뜬 젊은知性(지성) 生氣(생기)넘쳐

오늘은 여기까지 講義(강의) 마친 複道(복도)에서
大學生(대학생) 靑春男女(청춘남녀) 冊(책)들고와 質問(질문)한다
學生(학생)이 가장 큰 스승 가르치며 배우누나

[1990 경오(庚午)]

초원집 아줌마

부대 민가
部隊의 民家동네 아담 차린 초원술집
삼십대 후반부인 외출장병
三十代 後半婦人 外出將兵 시름 달래
맥주잔 시동생
麥酒盞 마주하면서 媤同生들 보살피듯

시댁 고향산천 전라북도 익산황등
媤宅의 故鄕山川 全羅北道 益山黃登
시시절 정담 복무
媤時節 나눠情談 服務동안 누이처럼
전역 남대천
轉役날 배웅한 눈물 南大川도 흘러가네

[1992 임신(壬申)]

책(冊) 보따리

이 大學(대학) 저 學校(학교)에 冊(책)보따리 싸 들고서
아침서 밤에까지 하루 終日(종일) 移動(이동)한다
그늘 밑 물 한 잔 마셔 기다리며 工夫(공부)하고

끈 해진 낡은 가방 옆구리 껴 버스 타고
促迫(촉박)한 時間(시간) 맞춰 講義室(강의실)에 들어서면
學生(학생)들 반가운人事(인사) 冊(책)가방은 教卓(교탁)안에

[1993 계유(癸酉)]

편지(片紙)

學期末(학기말) 지난겨울 캠퍼스에 눈이 내린
목도리 겹겹 둘러 큰 눈 껌벅 그 女學生(여학생)
수줍게 건네주고 간 片紙(편지) 한 장 煖爐(난로)가에

粉紅(분홍)빛 넘쳐 담아 정갈하게 담은 辭緣(사연)
敎授(교수)님 좋아해요 꼭 傳(전)하고 싶었어요
눈길에 발자국 새겨 봄을 찾아 갔겠누나

[1994 갑술(甲戌)]

고향(故鄕) 생각

한여름 무더위에 豊年草(풍년초)꽃 피어오면
고향 녘 논 언덕에 어린 時節(시절) 아련하다
歲月(세월)도 물같이 흘러 追憶(추억)담아 傳(전)해준가

어머님 홀로 계신 故鄕(고향)집은 남쪽 하늘
그리워 벌레 우는 가을 달밤 지새우실
두고 온 故鄕(고향)생각에 소슬 마음 밤은 깊고

[1994 갑술(甲戌)]

시험감독(試驗監督)

여학생 시험답안 남학생
女學生 試驗答案 男學生이 쓰고 있다
자초지종
어찌해 그러냐고 自初至終 물었더니
여친구 감기 대리시험 사연
女親舊 感氣가 걸려 代理試驗 치른 事緣

과 욕망 심
안 된다 알면서도 過한 欲望 빗나간 心
열애 처지
熱愛의 깊은 마음 그 處地는 알겠지만
병 치기
病인양 마음 씀이야 사랑 아닌 稚氣일뿐

[1996 병자(丙子)]

博士學位(박사학위) 取得(취득)

入學後(입학후) 十年(십년)지나 論文認准(논문인준) 學位取得(학위취득)
變(변)한건 아내 있고 아버님은 作故(작고)하신
墓所(묘소)에 찾아가 올린 論文(논문) 한 권 不孝子息(불효자식)

儒學(유학)의 根本理念(근본이념) 誠思想(성사상)을 硏究(연구)하여
歷史(역사)속 그 展開(전개)를 敎育(교육)으로 解明(해명)할사
生前(생전)에 아버님 말씀 不肖(불초)하여 눈물 아롱

[1996 병자(丙子)]

사사(事師)

學位(학위)를 取得(취득)한 건 工夫始作(공부시작) 이라시며
따로이 불러 每週(매주) 創造敎育(창조교육) 일러주신
스승님* 溫和(온화)한 撻楚(달초) 깊고 넓은 學問(학문)의 길

理論(이론)을 硏鑽(연찬)세워 人間本性(인간본성) 規定(규정)하고
討論(토론)을 이끌어서 硏究(연구)독려 쌓인 歲月(세월)
事師(사사)한 弟子(제자)의 마음 그 廣大(광대)함 어찌 따라

---

* 이종록(李鍾祿;1921~2016) 본관(本貫)은 경주(慶州), 호(號) 학창(學創), 명예철학박사, 명예교육학박사이다. 창조교육학(創造敎育學)을 주창(主唱)하여 정립하였다. 군산대학관장, 광동중학원장, 전북대학교 교수, 숙명여자대학교 교수, 문교부 고등교육 국장, 원광대학교 교수 등을 역임하였으며, 학교법인 광동학원을 설립하여 학교법인 광동학원 이사장, 군장대학장, 국제사이버대학교 총장을 지냈고, 한국철학회 종신회원, 한국교육학회 종신회원으로 활동하였다. 국민포장(1971), 국민훈장 모란장(1986)을 수여 받았다.

[2000 경진(庚辰)]

중학교(中學校) 가던 길

중학교 입학 십리 자전거
中學校 入學하여 十里간다 自轉車로
광
새터 말 개울 건너 廣발들의 복사꽃 빛
대
여름날 누른臺길은 미류나무 맑은 냇물

신작로 백년고목
숨은 내 新作路에 百年古木 버드나무
단풍 중학교
후유 고개 丹楓 속에 가고 오던 中學校길
포장 도로 정취 변
지금은 鋪裝된 道路 그 情趣도 變하였네

[2000 경진(庚辰)]

국민학교 추억
國民學校 追憶

소백산 천황봉 정기
小白山 뻗어내려 天皇峯의 精氣맺힌
요람 남원성북 국민학교
우뚝 선 배움 搖籃 南原城北 國民學校
명찰
앞으로 나란히 서서 왼쪽 가슴 名札달고

교정 단풍 양어장
봄여름 푸른 校庭 가을 丹風 養漁場둑
육년 성적우등 학교장상
六年을 오고 간길 成積優等 學校長償
추억
이제는 터만 남아서 아련하다 그 옛 追憶

[2000 경진(庚辰)]

《금강경(金剛經)》* 독후(讀後)

깨달음 이끈 智慧(지혜) 金剛經典(금강경전) 부처 말씀
마음은 能斷金剛(능단금강) 無上正等(무상정등) 覺性(각성) 向(향)해
누구도 이르지 못해 獨存(독존)홀로 이르신가

머물지 아니하고 心出(심출)함을 끊임없이
물같은 흐르름도 흘러감이 아니 거늘
사람의 日用倫理(일용윤리)는 須彌山(수미산)**에 두란말가

---

* 《금강경(金剛經)》 금강반야바라밀경(金剛般若波羅蜜經)을 말한다. 석가모니에 의해 설해진 공(空) 사상을 다루고 있는 대승불교의 경전이다. 금강은 금강석(金剛石)를 뜻하며 견고하고 날카롭다는 의미이고, 반야(般若)는 지혜를 뜻하고 바라밀(波羅蜜)은 '저쪽 언덕으로 건너가는 것'으로 열반(涅槃)을 뜻한다. 그러므로 《금강경(金剛經)》은 금강석과 같이 견고한 지혜를 얻어 무명(無明)을 타파하고 열반에 이르라는 부처의 말씀을 기록한 경전이다.

** 불교의 우주관에서 세계의 중심에 있다는 상상의 성산(聖山)으로 정상은 정 입방체로 되어 있는데, 그 중심에 선견천 (善見天)이 있고 주위의 사방에는 32개의 궁전이 있으므로 삼십삼천(三十三天)이라고 한다. 수미산을 중심으로 대천세계가 형성되어 있는데, 대천세계는 1000의 3제곱인 10억 개 세계가 3천 개 모인 것이 곧 불교에서 말하는 우주로 '삼천대천세계(三千大千世界)'이다. 이처럼 광대 무량한 세계가 부처가 교화(敎化)하는 범위라는 것이다.

[2003 계미(癸未)]

학술상(學術賞)

選定(선정)된 論文優秀(논문우수) 學術賞(학술상)을 通報(통보)받아
拍手(박수)속 受常(수상)하니 工夫(공부) 보람 작은 흐뭇
열심히 더욱 精進(정진)해 努力(노력)하라 激勵(격려)인 듯

스승님 여기저기 電話(전화)자랑 三日(삼일) 낮밤
이처럼 기쁜 날이 내 平生(평생)에 처음이다
稱讚(칭찬)한 弟子(제자) 사랑에 함박눈도 기뻐한 듯

[2005 을유(乙酉)]

만학도(晩學徒)

배움이 恨(한)이 되어 七旬(칠순)넘어 大學入學(대학입학)
먼 길을 列車(열차) 타고 버스 타고 誠心出席(성심출석)
아들은 가르치셔서 敎授(교수) 되어 學者(학자)라네

컴퓨터 技能(기능)몰라 손글씨로 課題(과제)쓰고
不治病(불치병) 숨겨온 채 卒業(졸업) 두고 하늘나라
靈前(영전)에 名譽學位紀(명예학위기) 찬바람도 슬피 운다

[2005 을유(乙酉)]

생가(生家)터

남원군 보절면 성시리 칠오칠번지
南原郡 寶節面에 城侍里의 七五七番地
초가삼간 생가
절골 터 나 태어난 草家三間 生家집은
목
뒤안 둑 대나무숲에 상수리木 아름드리

봄 오면 핀 살구꽃 여름 되면 감이 주렁
댁
뜰앞에 큰 배나무 사랑방의 안채 큰宅
도화원 분홍
桃花園 복사꽃 피어 흰粉紅빛 아지랑이

남서향 풍년 봉아산운
南西向 마당서면 豊年논발 峰雅山雲
오남매 동산
五男妹 낳고 자라 뛰어놀던 작은童山
변
그 아래 맑은 샘물은 아직까지 變함 없어

비바람 눈 내리고 저녁노을 아름답게
희망 추억
소년 꿈 希望 키운 追憶 담긴 그곳에는
지금 변 산
只今은 터도 變하여 옛山만이 그대로네

생가전경회상도(生家全景回想圖:1973년경)

[2014 갑오(甲午)]

대한민국 교육대상
大韓民國 敎育大賞

교육 연찬 이십오년
敎育을 硏鑽하고 가르쳐온 二十五年
선정위 의정대상 교육부문 상 수상
選定委 議政大賞 敎育部門 큰賞 受賞
위민 헌신 민주창달 공로인정
爲民에 獻身하여서 民主暢達 功勞認定

사승 덕
모두가 師承주신 스승님 德 그 가르침
은사 구순 자애
恩師님 토닥거려 九旬넘긴 慈愛로움
종일 온화 미소
온終日 溫和한 微笑 내일 같이 즐거우신

[2016 병신(丙申)]

국회정강정책 토론위원
國會政綱政策 討論委員

국회　초청　정강정책　토론위원
國會의 招請*받은 政綱政策 討論委員
도착　의사당　의정공간　다양
到着한 議事堂의 議政空間 多樣하고
의원　악수
議員들 찾아와서는 握手하고 가버린다

논의　내용　방송촬영　의식
論議의 內容보다 放送撮影 意識한 듯
자기정치
카메라 비출 때만 自己政治 애쓰누나
민의　위민진실
民意를 생각한다면 爲民眞實 바로서야

* 김세연(金世淵;1972~) 국회의원(20대)이 초청하여 주관하였다.

[2017 정유(丁酉)]

대통령* 탄핵(大統領 彈劾)

인정 악연 국정농단
人情에 끌린 惡緣 國政壟斷 눈감고서
인 장막 공 사 구분
가려진 人의 帳幕 公과 私를 區分못해
민초
民草들 성이 난 마음 어찌 홀로 모르신가

촛불을 빛 삼아서 팻말 들어 벗을삼은
국민 분노 당 급
國民의 외친 憤怒 當해서야 急하셨소
헌근지서 무심 염두
보냈던 내 獻芹之書 無心읽고 念頭버린

* 대한민국의 제18대 대통령 박근혜(朴槿惠;1952~).

[2017 정유(丁酉)]

대한민국 무궁화 평화대상
大韓民國 無窮花 平和大賞

삼일절 주년 수상자 선정
三一節 98週年 受賞者로 選定되어
국가 성장발전 기여공로 수상
國家의 成長發展 寄與功勞 受賞하니
상패
제4회 무궁화 평화 대상 새긴 賞牌받아

주권 삼일만세 선열정신
主權을 찾아 외친 三一萬世 先熱精神
민족 자결독립 삼천리 진동
民族의 自決獨立 三千里를 振動했던
정신 비
그 精神 比할바 못돼 고개 숙인 마음 되고

[2017 정유(丁酉)]

학회 판(學會 蝂)

분야 학회 발표 토론
分野에 열린學會 發表하고 討論되니
학문발전 세월
더디듯 學問發展 켜켜歲月 쌓아오고
연구 학자군
研究한 學者群들의 그 깊이를 새겨듣네

중 위인지학 세과시 동원
그中에 爲人之學 勢誇示를 動員하여
다수 억지 학문본질
多數가 抑止우긴 學問本質 흐리고야
학회 학자
學會에 벌레 하나 그런자도 學者인척

[2018 무술(戊戌)]

創造教育學會(창조교육학회) 理事長(이사장) 有感(유감)

스승님 설립하신 社團法人(사단법인) 創造教育學會(창조교육학회)
教育學(교육학) 發展研究(발전연구) 建學理念(건학이념) 繼承保全(계승보전)
남기신 그 遺業(유업)이어 理事長(이사장)을 맡아왔네

恩師(은사)님 살아生前(생전) 土臺基盤(토대기반) 튼튼 이뤄
學術會(학술회) 旺盛(왕성)하게 先導學會(선도학회) 이뤘건만
가신 뒤 關心(관심)도 疏忽(소홀) 爲人之學(위인지학) 하였던가

[2020 경자(庚子)]

발길

어디로 가는지는 발길만이 알고 있어
외로움 무게 지고 希望(희망)찾아 버둥치며
가는 곳 몰라 걸어도 터벅터벅 向(향)해간다

지치고 힘이 들면 멈춰야만 쉬어 갈까
해지고 어둔 밤도 燈(등)불 없이 가려간가
삶으로 놓은 자욱 痕迹(흔적)조차 없을세라

[2020 경자(庚子)]

총장출마(總長出馬)

내정 총장출마 권유
미리 짜 內定 놓고 總長出馬 勸誘한다
정당성 절차결여 선임위원 요식행위
正當性 節次缺如 選任委員 要式行爲
수고 상식 언동
들러리 愁苦했다며 常識없는 言動이야

배금주의 경륜 우선
오직 돈 拜金主義 經倫보다 于先되니
교육부 징계 선임
敎育部 懲戒인자 選任하니 웬일이냐
공정 상식 총장출마 후회
公正도 常識도 없는 總長出馬 後悔 깊어

[2021 신축(辛丑)]

학회장 당선
學會長 當選

학회 정기총회 이사회 투표
學會의 定期總會 理事會서 投票하여
당선 통보 한국교육 사학회장
當選을 通報하네 韓國敎育 史學會長
비대면 원격인사 이십칠대 회장소감
非對面 遠隔人事로 二十七代 會長所感

화상 토론
팬더믹 코로나에 畵像으로 討論하고
연구활동 시간
만나지 못하면서 硏究活動 흐른 時間
세월 학문열정
어려운 歲月이어도 學問熱情 모두 깊다

[2022 임인(壬寅)]

안 부

안개꽃 安否

오년전 대학원 석사과정 수업

五年前 大學院서 碩士課程 授業받은

소식 회상

멀리서 消息주니 가물했던 回想피어

전화 향기 전

안개꽃 하아얀 電話 그 香氣를 傳해준다

미모지성

부지런 성실함을 함께 갖춘 美貌知性

학문 연찬

學問길 들어서서 밤낮없는 硏鑽의 길

안부 은은

마음에 깊이 새긴가 安否 묻는 隱隱하늘

[2022 임인(壬寅)]

자탄(自歎)

이순 세월 백발
耳順을 넘긴 歲月 白髮돋아 허여세고
회억
물같이 흘렀구나 돌아보는 그 回憶들
무상 허무 도리
모두가 無常한 虛無 사람道理 다 못한 듯

편 불효
홀로 된 어머님을 便치않게 모신 不孝
수신 제가 부족
修身도 濟家함도 그리 하지 不足하다
영예
한 줌의 모래와 같은 작은 榮譽 부질없고

3부(三部)

만났던가
緣

3부(三部)

만났던가 緣

[1968 무신(戊申)]

亡妹(망매) 順玉(순옥)

저고리 簡單(간단)치마 다섯 살 난 順玉同生(순옥동생)
또랑한 귀여운 말 오빠 오빠 불러주던
숟가락 잡고서 밥을 오물오물 福(복)스럽게

紅疫(홍역)을 나와 함께 熱(열)꽃피어 앓아 숨결
큰 砂糖(사탕) 손에 쥐고 "오‥빠 먹‥어" 가녀린 말
醫院(의원)길 엄마 등 업혀 혼자 갔네 봄 하늘로

[1972 임자(壬子)]

약방(藥房)집 가시내

峰雅山(봉아산) 陳臺(진대)터에 藥房(약방)집 딸 그 가시내
兩(양)갈래 땋은 머리 복숭아빛 얼굴 곱고
등굣길 같이 다니니 國民學校(국민학교) 同級生(동급생)아

몬당* 길 마주 만나 길을 따라 걷는구나
뒤돌아 쳐다보면 큰 눈 함빡 웃어주고
개울물 징검다리에 操心(조심)하라 걱정스런

동무들 힘겨루기 지고 나서 훌쩍거림
말없이 시무룩해 내 冊(책)보를 들어주며
사립문 멀리에 서서 지켜보고 환한 미소

열두살 移徙(이사)갔네 볼 수 없어 생각날 땐
童山(동산)에 올라서서 살던 집을 바라본다
지금은 어디 있을까 저문 노을 그리워라

* 작은 산등성이 고갯길의 전라도 사투리.

[1980 경신(庚申)]

연모(戀慕)

곱게도 땋은 댕기 귀밑머리 烏髮蟬鬢(오발선빈)
蛾眉月(아미월) 예쁜 눈썹 맑고 밝은 明眸流盼(명모류반)
살짝이 웃어준다네 朱脣皓齒(주순호치) 고운 입술

冊(책)잡은 하아얀 손 곱디 여려 玉指素臂(옥지소비)
사뿐한 操身(조신)걸음 蓮步小襪(연보소말) 아름다워
미소띤 맑은 그 얼굴 은은한 듯 肌香配薰(기향배훈)

큰 눈이 깊고 그윽 차분하게 말을 하면
수줍듯 봉긋하게 스물한 살 梨花帶雨(이화대우)
음료수 나누어 마신 가는 모습 至純至潔(지순지결)

꽃피어 봄날 校庭(교정) 같이 걸어 설렌 週末(주말)
催淚彈(최루탄) 民主抗爭(민주항쟁) 休校令(휴교령)에 旣約(기약)없고
그리워 애끓는 戀慕(연모) 煩惱香煙(번뇌향연) 물든 山寺(산사)

[1983 계해(癸亥)]

숨은내* 소녀(少女)

등곳길 自轉車(자전거)로 숨은 내의 新作路(신작로)에
길 한쪽 걷는 少女(소녀) 쳐다보며 고운 微笑(미소)
冊(책)가방 실으라 하면 누가 볼까 어떻게 해

生月日(생월일) 똑같다네 前生(전생) 因緣(인연) 있었던가
수줍게 맑게 웃는 하얀 볼이 뽀송하다
오가며 만날 때마다 손手巾(수건) 든 몰래 손짓

都會地(도회지) 같은 곳에 女高男高(여고남고) 進學(진학)하여
만나면 반가워서 빵집 情談(정담) 週末午後(주말오후)
희고 긴 목線(선)을 따라 열일곱 살 봉긋하게

香氣(향기)떤 葉書(엽서)곱게 봄꽃 丹楓(단풍) 설렌 밤아
아련한 그리움만 追憶(추억)으로 남겨놓고
스물넷 시집간다네 보랏빛 쓴 片紙(편지)한 장

---

* 전북 남원 보절면 황벌리 은천(隱川)마을. 은천마을을 순우리말 새김으로 '숨은내'라고 불렀다.

[1985 을축(乙丑)]

갈등(葛藤)

축제 조교실 은미학생
祝祭날 助教室에 만나러 온 恩美學生
하늘색 외동 치마 수줍은 듯 고운 얼굴
소박
素朴한 목걸이 차고 긴 머리를 묶어 내린

조심
손수건 한 손 쥐고 操心 가만 따라 걷는
신록향기 은은
캠퍼스 新綠香氣 다 담아서 隱隱하게
자태 취
그 姿態 醉해 걸었네 봄빛 설렘 무르익고

학교 식당 점심
學校 앞 食堂에서 點心같이 나눈 자리
조신
다소곳 먹는 모습 새색시 양 操身하고
천 만 고백
마음은 千번萬번 告白못한 내가 애타

찬 다정
饌그릇 밀어 놓아준 예쁜 손도 多情하다
종교심 은미
宗教心 깊은 恩美 그 생각만 다르거늘
유학 침잠 사문난적 갈등
儒學에 沈潛한 나는 斯門亂賊* 葛藤깊어

* 사문(斯文)은 '이 학문'이라는 뜻으로 유학(儒學)을 지칭한다. 유학의 이념(理念)과 예(禮)를 벗어나는 행위를 하는 사람을 일컫는 표현이다.

[1995 을해(乙亥)]

아버님 忌日(기일)

들녘에 동틀 무렵 아버님*의 바른 기침
지게 진 잼뱅이옷 하루終日(종일) 논밭에서
五男妹(오남매) 子息(자식)들 생각 힘드셔도 저녁보람

모내기 키운 벼논 여름 五月(오월) 二十五日(이십오일)(陽歷(양력) 六月(육월) 二十五日(이십오일))
나눈 말 없이 홀로 애달프게 가셨으니
두어라 아들 된 不孝(불효) 昊天罔極(호천망극) 서러워라

---

* 이후래(李後來:1929~1992) 자(字) 춘석(春錫), 호(號) 농은(農隱), 서당(書堂)에서 한학(漢學)을 수학하였다. 유학(儒學) 경전인 《대학(大學)》에 조예가 깊었으며, 시조(時調)에 밝아 시조창(時調唱)에 능(能) 하였다. 군수사령부 부사관, 남원 보절면 성시리 성남마을 새마을 지도자와 이장(里長)으로 일하였고, 남원시 방위협회 위원을 지냈다. 벼 다수확왕(1971)으로 선발되었으며, 부친의 유고집 《동은유고(東隱遺稿)》를 간행하였다. 돌아가신 뒤 농은거사(農隱居士)로 불렸다.

[2004 갑신(甲申)]

본관 경주 이 호 학창 종록 은사
(本貫)慶州 李 (號)學創 鍾祿 恩師님

강점기 일제시대
强占期 日帝時代 이 땅에서 태어나셔
조국 독립희망 공부
祖國의 獨立希望 설움 속에 工夫시니
광복 육영사업 창조교육 주창
光復에 育英事業 創造敎育 主唱하사

사사
내 나이 스물하나 일러 배워 事師받아
학문 연찬 교수
學問을 硏鑽하여 敎授되라 이끄시고
학통 사승지은
學統을 물려주시니 깊으신 뜻 師承之恩

[2004 갑신(甲申)]

(本貫(본관))兆陽(조양) 林(임) (號(호))運德(운덕) 相吉(상길) 檢事(검사)

莞島(완도)가 故鄕(고향)이라 바다 푸른 精氣(정기) 받아
英明(영명)해 才氣(재기)높아 司法高試(사법고시) 檢事(검사)되어
서릿발 秋霜(추상)과 같이 不正腐敗(부정부패) 一掃意志(일소의지)

사람이 만든 것이 法律(법률)이요 規範(규범)이라
自然(자연)의 攝理(섭리) 따른 흐르는 물 順理(순리)처럼
逆理(역리)를 바로잡으니 그 名聲(명성)이 드높더라

[2012 임진(壬辰)]

누님(李順南)

峰雅(봉아)재 노을 지고 山(산)바람 건듯 불면
大處(대처)로 떠나버린 누이가 보고 싶어
주고 간 곱돌 만지며 옷자락 아롱저져

고우나 萬古風霜(만고풍상) 苦生苦生(고생고생) 女子一生(여자일생)
힘들어 참고 살아 두 男妹(남매)를 잘 키워서
그 歲月(세월) 옛이야긴가 우리 누님 맑고 밝아

[2015 을미(乙未)]

본관 수원 백 호 청석 우석 교수
(本貫)水原 白 (號)青石 友錫 敎授*

일필 한석봉
붓 잡은 정갈一筆 韓石峯**의 글씨인가
덕성 학생 존경
점잖아 德性깊어 學生들이 모두 尊敬
체육 공부 심신여일 군자품격
體育을 工夫하여서 心身如一 君子品格

배려
配慮한 마음 씀이 네가 먼저 내 것 없고
존중 은일 칭송
尊重해 헤아리니 隱逸하게 稱頌받아
없어도 있는 듯 밝아 따사로움 널리 펴네

---

* 군장대학교 생활체육과 교수.

** 한석봉(韓石峯;1543~1605) 명(名)은 호(濩), 본관(本貫)은 청주(淸州), 자(字)는 경홍(景洪)이다. 글씨에 뛰어나 중국 명(明)나라까지 이름을 떨치는 명필이었다. 사자관(承文院 寫字官), 별제(別提), 감찰(監察), 정랑((正郞), 군수(郡守), 현령(縣令), 존숭도감서사관(尊崇都監書寫官) 등을 역임했다. 선무원종공신(宣武原 從功臣)·호성원종공신(扈聖原從功臣) 녹훈되었으며, 사후 호조참의(戶曹參議)에 추증되었다.

[2015 을미(乙未)]

再堂姪 京載 博士
(재당질 경재 박사)

큰 從組(종조)* 셋째 曾孫(증손) 네 살 많은 年上(연상)조카
어릴 적 여름 만나 물장구에 멱을 감고
自轉車(자전거) 태워주며 兄弟(형제)처럼 지낸 追憶(추억)

誠實(성실)해 力量(역량)높아 職場(직장)에서 基幹業務(기간업무)
집안의 崇祖(숭조) 마음 敦篤(돈독)하게 實踐(실천)하며
經營學(경영학) 穿鑿(천착)해서 博士學位(박사학위) 받았다네

---

* 이병양(李秉瀁;1878~1932) 자(字) 경학(敬學), 호(號) 반계(蟠溪). 재리경제(財利經濟)에 밝아 전북 전주(全州)에서 최초로 전등(電燈)불을 켰을 만큼 부유(富裕)하고 윤택(潤澤)하게 살았으며, 재산을 내어 불우한 이웃들을 아낌없이 도운 행적이 회자(膾炙) 되어 전해 온다.

[2016 병신(丙申)]

본관 전주 이기봉 장군
(本貫)全州 李起奉 將軍

사단 연대 군수장교 육군소령
3師團 23聯隊 軍需將校 陸軍少領
육척장신 위용
훤칠한 서글함에 六尺長身 威容이야
지휘관 역임 장군 덕장
指揮官 두루 歷任에 將軍*되니 德將였네

전역후 대학교수 품격 교학상장
轉役後 大學敎授 品格높은 敎學相長
부모 봉양효성 충효덕목 실천
父母님 奉養孝誠 忠孝德目 實踐하사
문무 겸 칭송
文武를 兼하였으니 모두 다퉈 稱頌하네

---

* 육군 준장, 합동참모본부 군수참모부장.

[2017 정유(丁酉)]

본관 경주 이 호 대흥 상현 장군
(本貫)慶州 李 (號)大興 相賢 將軍*

청죽 충정 용장 지장
青竹의 곧은 忠貞 勇將이요 智將이라
공수단 여단장 부대지휘 용맹
空輸團 旅團長에 部隊指揮 勇猛 으뜸
전선 방위 적진 사단장
戰線을 防衛하느니 敵鎭 앞의 7師團長

예편 교육자 국가안보 평생헌신
豫編해 教育者길 國家安保 平生獻身
백발기개
나라를 걱정하니 허여세진 白髮氣槪
청사
두어라 누가 알랴만 青史 길이 새긴 이름

---

* 예비역 육군 소장.

[2018 무술(戊戌)]

호 성은 용표 종형
(號)誠隱 容杓 從兄님

중백부 유복자
仲伯父* 遺服子로 홀어머니 섬겨모셔
숙부 효성지극 교직생활
淑父께 孝誠至極 敎職生活 스승 되직
오남매 자녀 효도 고희연세
五男妹 子女들에게 孝道받아 古希年歲

용관종형 종중대사
늘 함께 容寬從兄 宗中大事 돌보시사
문중 칭송 숭조효심 정성
門中이 稱訟하네 崇祖孝心 깊은 精誠
백발 근면
白髮로 허여세어도 勤勉 하루 해 저무네

---

* 이백래(李白來:1926~1951) 자(字) 춘화(春花), 호(號) 호연(浩然), 근대 사상(思想)에 해박하고 호연지기(浩然之氣)의 기품이 있어 대중(大衆)이 따랐다. 한국 전쟁 때 민병대의 지휘관으로 전투에 참전하여 유복자 용표(容杓)를 남기고 실종 작고(作故) 하였다.

[2019 기해(己亥)]

본관 김해 김용판 대령
(本貫)金海 金溶判 大領

사단 근무부대 숙소 인연
3師團 勤務部隊 같은宿所 만난 因緣
전우애 친교 삼십년 세월
戰友愛 맺은 親交 三十年이 넘는 歲月
평생 군문 육군대령 부장장교
平生을 軍門에 바친 陸軍大領 部長將校

소위 충정기백
少尉적 忠貞氣魄 변함없는 그 모습은
군인정신 충일
한 조각 붉은 마음 軍人精神 充溢하고
공부 천착 법학박사
工夫에 穿鑿하여 法學博士 되시런가

[2019 기해(己亥)]

호 야은 용관 종형
(號)野隱 容寬 從兄님

백부 지손장손
伯父*님 큰아들로 枝孫長孫 되었어라
고교 청춘
高校때 아버님을 여의어서 슬픈 青春
교원 연수 평생교사
教員을 練修받아서 平生教師 스승의 길

종중 유사 숭조정신 지극
宗中의 有司맡아 崇祖精神 至極하고
오남매 손자 재롱
五男妹 키워 길러 그 孫子들 才弄속에
고희
어느덧 古希를 넘겨 할아버지 되었다네

---

* 이정래(李丁來:1923~1967) 자(字) 춘권(春權), 호(號) 덕천(德泉). 글씨에 뛰어났으며, 효우덕행(孝友德行)으로 칭송을 받았다. 새로운 영농기법의 선구자로 군수(郡守), 도지사(道知事) 표창을 받았다.

[2019 기해(己亥)]

본관 전주 이범로 위원장
(本貫)全州 李範魯 委員長

주경 야독 대학공부 만학도생
書耕에 夜讀으로 大學工夫 晩學徒生
학과 회 입학 학생회장 선출
學科에 1回 入學 學生會長 選出되어
초창기 토대 전통 기여헌신
初創期 土臺를 다져 傳統마련 寄與獻身

강원도향 산세
태어난 江原道鄕 山勢 닮아 깊은 마음
대학원 수학 대학강단 후학교육
大學院 受學하여 大學講壇 後學敎育
직장 노조 위원장 기업문화 개선발전
職場의 勞組 委員長* 企業文化 改善發展

* 대우 자동차 노조위원장.

[2019 기해(己亥)]

본관 청주 한 호 만공 용진 교수
(本貫)清州 韓 (號)萬公 龍震 教授

청뢰선생 계승 학문연찬
아버님 清籟先生* 繼承하여 學問研鑽
고려대 교수 교육학
高麗大 教授 되어 教育學을 가르치니
정신 고결 칭송
옛 선비 精神을 받아 高潔함에 稱頌높고

문하문도 빈빈
구름이 모여들 듯 門下門徒 彬彬하니
훈도
맑아서 깊은 訓導 모두 새겨 길러내고
망중한
忙中閑 활을쏘며 다 다듬는 곧은 마음

* 한기언(韓基彦;1925~2001) 본관 청주(清州), 호 청뢰(青籟), 교육학박사, 서울대학교 교수를 역임하였고, 교육사 교육철학연구회장, 한국교육학회장, 한국교육학회 이사 등으로 활동하였으며, 기초주의(基礎主義) 교육을 제창하였다. 국민훈장 동백장(1990)을 수여받았다.

[2020 경자(庚子)]

여 동 생 향 숙

女同生 香淑

체 신 부 근 무
야무져 똑똑해서 遞信部에 勤務하며
작 고 후
아버님 作故後에 집안 살림 보살펴서
헌 신 처 녀 일 생
오빠들 동생 바라지 獻身하여 處女一生

결 혼 시 댁 효 부 정 성 칭 찬
結婚해 媤宅孝婦 그 精誠의 稱讚높아
남 매 남 편 내 조
男妹둬 잘 키우고 男便內助 우렁각시
지 천 명 성 심
知天命* 이르러서도 한결같이 誠心 다해

---

* 나이 50세를 뜻하는 말.

[2020 경자(庚子)]

본관 아주 신 호 수당 창호 교수
(本貫)鵝州 申 (號)遂堂 昌鎬 敎授*

유학 학문 사서 연구 군계일학
儒學의 學問 깊어 四書** 硏究 群鷄一鶴
실천 혈구 도 배려존중 교학지표
實踐한 絜矩의 道 配慮尊重 敎學指標
학회장 교육철학회 학문발전 기여
學會長 敎育哲學會 學問發展 寄與했네

천착 공부성과 교육도 전범
穿鑿한 工夫成果 敎育徒들 典範삼고
부족 자식 지도
不足한 내 子息을 指導하여 가르치니
근사
아들놈 다 못 받을까 홀로 近思 기쁜 걱정

---

* 고려대학교 사범대학 교육학과 교수.

** 《논어(論語)》, 《맹자(孟子)》, 《대학(大壆)》, 《중용(中庸)》 4서의 유학(儒學) 경전.

[2020 경자(庚子)]

본관 전주 이정석 대표
(本貫)全州 李廷錫* 代表

시절 노조탄압 치열 투쟁
그 時節 勞組彈壓 熾熱하게 맞서 鬪爭
위원장 책임 노사갈등 조정공로
委員長 責任 맡아 勞使葛藤 調整功勞
대타협 안정 대통령 훈장수여
大妥協 安定 이루니 大統領이 勳章授與

거중기 교육이론 국가자격 위원
擧重機 教育理論 國家資格 委員되고
연구 탐구 실무경험 저술
研究로 探究하여 實務經驗 著述** 하니
업계 첨단기술 연
業界에 尖端技術이 진흙 속에 蓮꽃 피듯

---

* 애석하게도 2022년 10월 8일 고인(故人)이 되었다.

** [천장크레인 실무, 삼영종합중장비학원 2020.] 외.

[2020 경자(庚子)]

(本貫)(본관)全州(전주) 李(이) (號)(호)亭岩(정암) 平器(평기) 親友(친우)

열네 살 故鄕(고향) 親舊(친구) 平生(평생)동안 友情(우정)이야
客地(객지)서 依支(의지)하며 大小事(대소사)를 걱정 도와
어른이 되어와서도 兄弟(형제) 같은 동무구나

다른 일* 하면서도 내 일처럼 밤낮 삼아
그 歲月(세월) 回甲(회갑)오니 白髮(백발)로 핀 주름 되고
못 봐도 곁에 있는 듯 電話連絡(전화연락) 오는 소리

* 검찰직 공무원, 법무사.

[2020 경자(庚子)]

큰아들 徽載(휘재) 大學院(대학원) 進學(진학)에

어려운 學問(학문)의 길 大學院(대학원)*에 進學(진학)하니
먹은 맘 初志一貫(초지일관) 뜻을 세워 精進(정진)하여
代代(대대)로 이어 내려온 學問名家(학문명가) 이어가라

研鑽(연찬)에 王道(왕도) 없고 方法(방법)에도 絶對(절대)없다
모든 것 마음 中心(중심) 愼獨(신독)으로 操行(조행)하여
擇善(택선)이 固執(고집)만이 그 精髓(정수)에 이르르니

---

* 고려대학교 대학원 교육학과 석사과정.

[2021 신축(辛丑)]

大學院(대학원)에 進學(진학)하는
둘째 아들 儀載(의재)에게

알바에 奬學金(장학금)에 學費(학비)보태 大學卒業(대학졸업)
兄(형)다닌 같은學校(학교) 大學院(대학원)*에 合格(합격)하니
兄弟間(형제간) 友愛(우애)하면서 分野硏究(분야연구) 穿鑿(천착)해라

네 專攻(전공) 理科(이과)이고 兄(형)은 文科(문과) 工夫(공부)하니
文理(문리)가 調和(조화)되듯이 서로 도와 마음 合(합)해
誠實(성실)히 부지런하게 勉學成就(면학성취) 이뤄내길

* 고려대학교 대학원 생활과학과 석사과정.

[2021 신축(辛丑)]

동생 향미
막내 同生 香美

독
막내라 어린양에 아빠 사랑 獨차지해
하늘 끝 가신 아빠 애끓도록 슬피 울고
국문학 전공 등단 시인호칭
國文學 專攻을해서 登壇하여 詩人呼稱

음식
飮食을 만든 솜씨 맛이 좋아 뛰어나고
문화원 기자활동
딸 아들 키우면서 文化院에 記者活動
사십대 후반
四十代 後半 되어도 막내티는 남아있어

[2021 신축(辛丑)]

본관 풍양 조남도 친구
(本貫)豊壤 趙南都 親舊

이십세　　　의지 공직
二十歲 푸른 意志 公職의 길 들어서서
사십년　　　평생　고향　　　공복
四十年 그 平生을 故鄕에서 公僕으로
헌신　　　　공로　　　훈장　칭송
獻身해 쌓은 功勞 나라 勳章* 稱頌받고

봉양
어머님 奉養하며 벗님네들 모든 일을
　　　　　　　효　　우
앞서서 돌봐 도와 孝와 友를 새긴 마음
　　　　　　　송덕언비 전
우러나 저절로 하니 頌德言碑 傳해지리

* 녹조근정훈장.

[2021 신축(辛丑)]

본관 해주 최광만 박사
(本貫) 海州 崔光晩 博士

고향 휴전선 이북
아버님 故鄕땅은 休戰線의 以北이라
친척 교육학 공부
親戚도 없어 홀로 敎育學을 工夫하여*
교수 제자 분야연구 학문일가
敎授로 弟子가르쳐 分野硏究 學問一家

학회장 교육사학 활동지평 개진
學會長 敎育史學 活動地平 改進하고
사범대 학장 교원양성 행정일신
師範大** 學長뽑혀 敎員養成 行政日新
세월 책장 잠잠
歲月을 새겨넘어서 冊章 속에 담아 潛潛

---

* 서울대학교 대학원 교육학과.

** 충남대학교 사범대학.

[2021 신축(辛丑)]

어머니*

세월 구순 연세
물같이 歲月흘러 九旬 다된 깊은 年歲
청춘
마음은 靑春이야 앞터 밭뚝 호미질에
몸 늙어 숨이 찬 숨결 여름 더위 해가 진다

망부 삼십삼년
외로운 亡夫설움 三十三年 홀로 계신
문설주
門楔柱 삐걱거려 아픈 허리 밤은 깊어
내일
보고픈 아들딸들은 來日올까 기다리고

* 최윤순(崔閏順;1936~) 전주인(全州人), 당호(堂號)는 숙인당(淑仁堂)이다. 부녀회장과 농협단위 위원을 지냈다. 한글 군담소설(軍談小說)을 즐겨 읽었으며, 그림 그리기를 좋아하였다. 부군이 돌아가시자 한글 《망부사(亡夫辭)》를 지었다.

[2022 임인(壬寅)]

본관 금녕 김 호 이련당 민경 여사
(本貫)金寧 金 (號)泥蓮堂 岷勁 女史

고생
힘들어 苦生하여 억척스레 살아오며
아들딸 잘 가르쳐 반듯하게 키워놓아
만학도 공부 대학
늦깎이 晩學徒 工夫 두 곳 大學 다니고야

한 오십
배움에 맺힌 恨이 五十넘어 즐거웁다
인생 행복
낮에 일 밤공부에 삶의 人生 幸福하고
봉사 연
베풀어 奉仕의 삶이 진흙 속의 蓮꽃이네

[2022 임인(壬寅)]

남동생 자세령 호청주 용각
男同生 (字)世令 (號)靑主 容珏

월세방 친척 전전 대학공부
月貰房 親戚집을 轉輾하며 大學工夫
노동 공사판 학비
막勞動 工事坂서 일을 하여 學費벌어
대기업 입사 임원 상무
大企業 入社를 하니 任員되어 常務라네

대 박사학위 대학강의 겸임교수
서울大 博士學位* 大學講義 兼任敎授
유학경전 이기론 탐독
듬듬이 儒學經典 理氣論도 耽讀하며
시집 문학 학문명가 계승
詩集**낸 文學도 깊어 學文名家 繼承빛내

---

* 환경공학 박사.

** 《당신도 아픈가요?》, 좋은땅, 2022.

[2022 임인(壬寅)]

중장 강창구 장군
中將 姜昌求 將軍

-2022년 9월 16일 전역식에-

청운 생도 사관학교
青雲의 푸르른 꿈 生徒 늠름 士官學校
간성 장군 팔군단장 육군사관학교장
나라干城 將軍되니 八軍團長 陸軍士官學校長
웅위 기개 덕장 용장
雄威한 氣槪 드높아 德將이요 勇將이라

지혜 충정 헌신
智慧는 어짐으로 忠貞높은 獻身으로
국가국민 위 평생
國家國民 爲한마음 平生동안 다했으니
청사 강창구 장군
青史에 길이 남으리 그 이름 姜昌求 將軍

지나온 날은 모두 그리움이리

다섯 살 어릴 적, 큰댁 사랑채 서당(書堂)인 운산숙(雲山塾)의 가을 툇마루에 앉아 배나무 밑에 찬 서리에 홀로 핀 국화(菊花)꽃을 보고 있었습니다. 아버님 제 곁에 다가와 앉으시고, 그 국화꽃을 보며 "菊秀寒斜發이요 / 花老蝶不來라"고 읊으시더니, 이내 저에게 일러주시기를 "찬 서리 비켜선 채 국화꽃이 활짝 폈네 / 늦게 핀 늙은 꽃에 나비 날라 오지 않네" 하고 훈독(訓讀)을 해주셨습니다. 그리고 그 훈독의 새김을 낭랑한 음성으로 창(唱)을 하시면서 따라 하도록 하였습니다.

아버님께서는 한문(漢文)으로 시구(詩句)를 쓰는 것은 눈으로 읽어 느낌을 얻는 것이지만, 그 새김을 소리글로 표현하면 노래가 된다고 했습니다. 그러므로 새김의 소리글도 초장(初章) 3·4, 3(4)·4자(字), 3(4)·4, 3(4)·4자, 중장(中章) 3·4, 3(4)·4, 3(4)·4, 3(4)·4자, 종장(終章) 3·5자, 3(4)·3자, 4·3(4)자의 3장(章) 6구(句)의 마흔다섯 자 내외(內外)로 지어야 노래의 음률(音律)과 율격(律格)이 살아난다고 가르쳐 주셨습니다. 한시(漢詩)를 쓰거나 우리 한글의 소리글로 노랫말을 짓는 것은 자연(自然)이나 현상(現象)을 보고 내 마음을 투영(投影)하여 삿됨이 없이 그 진솔(眞率)한 의미를 담아야 좋은 시(詩)라고 했습니다. 아버님께서는 시 짓기를 알려 주신 것입니다. 철들어 공부하고 보니 그 말씀은 공자(孔子;기원전551~기원전479)가 《시경(詩經)》을 편찬하고 부여했던 '思無邪(사무사)'의 뜻이었습니다.

그해 늦가을 저녁, 마을 큰 동네 사창댁(沙蒼宅) 마당에서 열린

약(藥)장수 공연 (公演)에서 어여쁜 아가씨가 음악 반주에 맞춰 애절하게 부르는 <이별의 부산 정거장> 노래를 처음으로 들었습니다. 아름다운 목소리의 노랫말은 저의 뇌리에 오래도록 반백 년이 넘게 지난 지금에도 또렷이 남아 있습니다. 그 노래 가사를 불러보며 곰곰이 헤아려 보니 4·5, 4·5, 3·4, 3·5자의 음률로 지어진 것으로, 헤어지는 슬픈 사랑의 마음을 노래로 부른 것이었습니다. 그때 서야 비로소 아버님이 3장 6구의 음률격(音律格)으로 한글 시를 지어야 한다는 가르침을 이해하였습니다. 이것이 한글로 쓰는 시절가조(時節歌調)였던 것입니다.

한문을 배우고 한글을 익히면서 아버님이 일러 주신대로 하늘·산·들·내·바람·비 등의 자연과 마음을 따른 인(因) 일, 연(緣)에 대한 마음의 느낌을 한시로 써서, 그것을 우리 소리글로 나타내기도 하고, 한글만으로도 지어 잡기장(雜記帳)이나 일기장(日記帳)에 적어놓았었습니다.

이순(耳順)이 넘은 진갑(進甲)이 되어 그것들을 찾아 『시절가조집(時節歌調集)』으로 정리하며 읽어보니 어설퍼 보이고 부끄럽기가 여간 아니었지만, 그때의 마음을 표현한 것들이 아련한 그리움으로 뭉게구름처럼 피어올랐습니다. 다시 내용을 다듬고 수정했어도 그 시절의 그리움은 오롯이 그대로였습니다.

돌아 가신지 어느덧 삼십 년이 넘은 지난 세월이지만, 지게를 지고 가며, 밭갈이, 모내기·벼 베기, 보리 갈이·보리 베기를 하면서 낭랑한 목소리로 시조창(時調唱)을 하시던 아버님이 옆에 계신 듯합니다.

그리움이 있습니다.

지나온 날은 모두 그리움이었습니다.

2022[임인(壬寅)년 진갑(進甲)의 겨울에

지은이 이용길(李容吉)

지은이

이용길(李容吉)

[경력] • 보병 3사단 23연대 정훈장교
(1987~1990; 석사특임 7기 육군 중위 임관)
• 한국교육사학회 이사 (2002~2020)
• 삼정복지재단 이사 (2005~2022년 현재)
• 사단법인 창조교육학회 이사 (2002~2012)
• 한국교육철학회 이사 (2015~2020)
• 한국교육학회 기획조직위원장 / 이사 (2016~2018)
• 군장대학교 청소년교육지도과 교수 (2004~2022년 현재)
• 사단법인 창조교육학회 이사장 (2012~2022년 현재)
• 국방부 국방정신전력원 국방정신전력 발전자운위원 (2020~2022년 현재)
• 한국교육사회장 / 한국교육학회 이사 (2021~2022년 현재)

[논문] • 성(誠)사상의 한국교육사적 전개와 지적성장(2017) 외 65편

[저서] • 창조교육사상(2019) 외 10여 권

[수상] • 한국교육사학회 학술상 (2003)
• 창조교육학회 학술공로상 (2005)
• 창조성 국제학술연합 우수 논문상 (2009)
• 대한민국 교육 대상 (2014)
• 대한민국 무궁화 평화 대상 (2017)
• 육군참모총장 공로패 (2017)
• 창조혁신 한국인 대상 (2018)

시절가조집(時節歌調集)

그러하니 然
마음을 따라 因
만났던가 緣

지은이 이용길

발행일 2022년 12월 20일
발행처 도서출판 인터웰
서울시 중구 퇴계로 39길 5-5 풍전빌딩 2층
02-2268-8871 / lkh4709@hanmail.net
등록번호 2007년 5월 3일 제 2-4615호
편집 디자인필립 (02-2277-1316)

ISBN 978-89-93872-65-1
정가 15,000원